林夏薩摩——著

這僅有一次的人生，
我不想說抱歉

在能透過努力改變故事結局的地方，

我們義無反顧地拚盡全力，

在即使拚命努力

還是徒勞無功的地方，

我們放過自己就好。

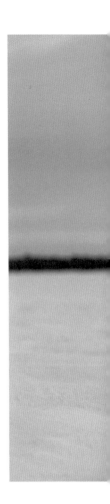

北極沒有企鵝，

赤道沒有雪，

方向錯了，

你多努力都沒用。

人生的路很長，

不必太為難自己。

翻篇是一種很重要的能力。

總是抓著過去的事不放，
對那些受過的委屈和傷害耿耿於懷，
以及在那些根本無法改變的人和事上，
無謂消耗自己，
你的人生就會陷入死胡同，
會對任何事都提不起興趣。
可人不能總被困在過去，真正該學會的，
是自己從泥沼裡走出來，從一次次失望中吸取教訓。

勇敢放下過去的人，
生活會獎勵他一個新的開始。

這僅有一次的人生，我不想說抱歉

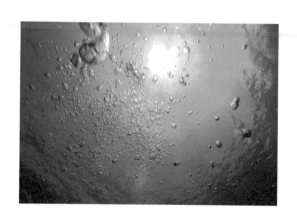

那些你想要做成的事情，你做成了的事情，

你處理問題的方式，你對待他人的方式，

才真正定義了你是誰。

人生，需要一點不被理解的坦然

和不去解釋的瀟灑。

就算你回了頭，
答應等你的人，也未必還在原地；

就算你為了一個選擇，
而放棄另一個選擇，
也總會有新的遺憾產生。

這僅有一次的人生，我不想說抱歉　　　　　　　　　　9

如果分手以後，生命真的荒蕪，

那就換一個人重新再愛好了。

這輩子，

你會遇見很多人，也會愛上很多人，

但每一次你只能愛一個。

專一，

就是愛一個人的時候一心一意。

生活原本就是人間煙火和雞毛蒜皮，
誰也不能超然世外。

你要學著一個人走未來的路，
學著一個人為人處世，
學著一個人打理生活，
不畏山長水遠，踽踽獨行。

這僅有一次的人生，我不想說抱歉

當有一天，你我都能活得像一個生命的旁觀者，
那留白裡的畫面一定別開生面。

我開始討厭我自己，也開始越來越喜歡我自己。
因為我終於學會發自內心地接受自己，並愛自己。
認可自己的好，也認可自己的壞。
接受自己的美，也接受自己的醜。

這世上，只有一個人會為你堅持到底，

那就是你自己。

01

一部作品就像作家的「孩子」。每一位作家都渴望給自己的孩子一個好歸宿，我也並不例外。

這是我的第二本書出版五年後的全新修訂，我很開心這個孩子脫胎換骨之後能和你見面。

過去幾年，每個人的生活都發生了很多變化。有人畢業了，工作了；有人出國了，讀研究所了；有人遇見心中所愛結婚了；有人厭倦了職場過度的競爭，去考公務員了；有人從大城市逃離去追逐新的夢想了；有人從小城市出發，邁向新的遠方。你在成長變化，我亦如此，所以有了這本書裡全新的話題和體會，與你分享。

02

我經常會被讀者問到的一個問題：「你是怎麼成為作家的？我小時候也有一個當作家的夢想。」

在開始的時候，我都會很真誠地分享自己的作家夢想、寫作經歷和出書過程。但後來，我發現這個問題有個基本的邏輯錯誤——

作家不是成為的，作家都是寫出來的。

　　所有的作家，都不是先拿到一個清晰的職業發展路徑、拿著一本「作家指南」照著做的，他們都是懷揣著成為作家的理想，因熱愛而書寫，因熱愛而堅持，才在後來平淡的日子裡，「一不小心」成為作家的。威廉‧福克納、查爾斯‧布考斯基、村上春樹、巴金、魯迅、余華……他們無一不是。

　　很多人在成為職業作家之前，都在做著一些跟寫作相距甚遠的事情。

　　福克納當過郵差，他喜歡在把雜誌投遞給客戶之前，自己先讀上一遍。

　　村上春樹不喜歡受束縛和管制的上班打卡生活，大學還沒讀完就休學、結婚，借錢開了一家小酒吧，靠經營酒吧的收入生活，閒暇的時間用來聽爵士樂、讀書、寫小說。

　　渡邊淳一當了十年骨科醫生。

　　余華在去文化館工作之前，當了五年牙科醫生，拔過一萬顆牙。

　　就像魯迅先生說過的，世上本沒有路，走的人多了，也就變成了路。就像一個編劇朋友說過的，很少有剛取完故事的主角名字就看見了故事全貌的人，故事是自己長出來的，你寫好開頭就行了。

　　人生很多事，不是提前看到結果才去努力，而是做了才會有結

果，堅持了才有可能拿到你最想要的結果。那些世人眼裡功成名就的人，不過是對自己更篤定的人，更願意相信自己的人，更願意堅持夢想的人。

親愛的，不論你有何種理想，想當作家，想成為某個領域的專家還是想當企業家，請告訴自己，一旦放飛，就別停下來。

請你一定要為自己堅持到底。每當孤單落寞時，每當心力不足想放棄時，請告訴自己，再走三步，三步就好了，前方一定有五彩斑斕的新世界，一定有得償所願的美好。

03

我知道，追逐夢想的路很孤獨。

孤獨不在深山老林，不在沒有 Wi-Fi 收訊範圍的地方，孤獨在喧鬧的城市裡，孤獨在熙熙攘攘的人群中。

孤獨是你獨自遠行時深深淺淺的腳印，孤獨是你每一次飽含期待又狠狠落空的眼神，孤獨是每一個你以為被瞭解卻從未被瞭解的瞬間。

在這五光十色、充滿誘惑的世間行走，做自己，從來都是一條孤勇的路。我也在自己的路上，一路跌跌撞撞。

儘管我創作的時候很快樂，有種最純粹的快樂，儘管我實現了當作家的理想，出版了幾本書，文字被收錄進很多本暢銷合輯，可在我爸媽那裡，我依然是個很漫不經心、不會為自己打算的人。

　　他們最關心的依然是我的終身大事，他們依然覺得我是個有問題的人，將來怎麼辦？

　　而這，就是所有年輕人面臨的第一個困境──你還在做夢，還想追著夢想奔跑的時候，你的家人只希望你結婚、生子，安定下來。

　　如果你順從社會約定俗成的大流，順應父母的心意，矛盾是不是會少一點呢？

　　我的答案是──並不會。

　　早在我那些已婚生子的好朋友們跟我分享他們的婚姻瑣碎之前，我就明白家庭主婦不好當，婆媳關係不好處理，育兒是件非常耗費心神的事情，結婚生子以後除了自轉以外，你還得圍繞著孩子和家人公轉……

　　早在我知道諸如這些婚姻問題的細枝末節之前，我就明白人生沒有「一勞永逸」這一說，無論你選擇哪一條路，選擇單身、晚婚，或者不婚，你都會面臨新的困境，這是生命跟我們簽的附加協議，你逃脫不掉的。

　　既然每一條路都沒有它看起來那麼美好、輕鬆，那我們為什麼

不對自己誠實，繼續走自己最想走的路呢？

　　至於孤獨，那是刻在我們骨子裡的東西，與你是否單身無關。

　　孤獨很好，好的孤獨好於一切乏善可陳的陪伴，好於一切故作幸福的張揚。好的孤獨能及時清理你思想河流淤積的泥沙，讓你更通透、更輕盈地走更遠的路。

　　孤獨讓進一步探秘大腦裡的山川河流成為可能，孤獨讓我們成為更完整的自己。孤獨簡直太好了。

　　請別誤會，我不想讓你成為一座孤島。

　　我只是期待，你能靠著自己的力量，在各種孤獨當中自由穿梭，自得其樂，對生命饋贈給我們的一切都甘之如飴，包括但不局限於四下無人的夜、期待落空的瞬間、沒能得償所願的愛情。

　　愛是一種能力。如果可以選擇，去愛有血有肉的人吧！

　　去愛一個能讓你心安、把心肝脾肺腎都踏實地裝在你自己身體裡的人，去愛一個不論擁有或失去，你都不用太費力的人，去愛一個心裡有光的人。」

————和自己的約定——

未來很長，自由很誘人，你要做好充分的準備，

去擁抱每一種可能。

自由業的本質是時間自主，而非時間自由

01

　　我參加過一個心理學和戲劇結合的體驗沙龍。

　　一場十個人左右，按照活動的慣例，主持人開場以後，到場的體驗者要依序做簡短的自我介紹，一來便於互相熟悉，二來為後面的即興戲劇熱身。主持人會從到場體驗者的介紹中提煉出關鍵字和場景，作為第一輪小互動的靈感來源。

　　那天一起參與的體驗者從事不同職業，有廣告公司的客戶經理、網際網路公司的運營、人力資源管理、遊樂場設計師、業務等。輪到我的時候，我簡單說了句：「大家好，我是林夏，以前是廣告公司企劃和社群經營，目前是自由工作者，在家寫小說。」

　　話音未落，便引發了一陣熱烈的小討論。

　　提到自由業，大家的第一反應都是：「好羨慕啊，那豈不是每天都很自由？」

「對啊，不用打卡也不用加班。」

「我以後也要做自由工作者。」做網路運營的成員如是說。

我笑笑，沒說話。

不用打卡就可以睡到自然醒；不用去公司就不用工作日擠地鐵面對煩心的交通尖峰時間；不用坐辦公室就不用處理複雜的人際關係，不用看主管臉色和開又臭又長的會，想工作的時候就做，不高興的時候乾脆躺平。

自由業，乍聽之下確實很美麗。

尤其是這份自由業再跟「作家」這個光鮮亮麗的詞聯繫起來以後，就染上了更多的浪漫色彩。

在繁華的商業街中，坐在咖啡廳靠窗的座位，左邊是抹茶拿鐵和起司蛋糕，右邊攤開一本正在讀的書，正中間擺著筆記型電腦，趕上靈感正盛，便指尖生風，劈哩啪啦地在鍵盤上打字，累了倦了，便手托下巴發會兒呆，望著窗外的街景與路人，猜想他們的身分和人生經歷。

上面描述的那種放鬆且愜意的狀態很舒服，我過了半年左右那樣的生活，那陣子真的就一個字──「爽」，真的很快樂，發自內心地快樂。

連做夢都是和周公一起雲遊四海。

但這種放鬆和愜意是有代價的，自由工作者能過舒服日子的前提是，你得極出色，極自律。

　　我成為自由職業者一年多後，因太過自由散漫、寫作效率低下，被迫重新訓練自己的「職業化水準」——每天在家裡自己和自己開白板會議，每天自我監督、自我評估，用自己制定的工作守則和效率 App 進行自我管理。

　　所以我特別想跟大家聊聊，「沒有濾鏡的、更為真實」的自由業到底長什麼樣子。

02

關於自由業，我要打碎的第一個濾鏡，叫「時間自由」。

　　很多人天真地以為，自由業就是自己當老闆，想幹就幹，不想幹就拉倒，時間很自由，想怎麼安排就怎麼安排。很抱歉，你想太多了。

　　在這個物價飛漲、消費主義盛行的時代，絕對的「時間自由」只有一種——「財富自由」。上班族時間不自由，是因為他們用出賣自己的時間進行勞動，換取每月固定到帳的酬勞和階段性獎勵——年終獎金。自由業者跟普通上班族相比，時間確實自由多了，每天有大把時間可以揮灑，用來追劇、滑短影音、出去玩都可

以，但這更意味著，沒有老闆會為你的時間「付費」了，極端一點說，在沒有任何其他被動收入（如投資理財、收租等）的前提下，你的時間「不值錢」了。

那麼問題來了，時間不值錢以後，每月固定的生活成本諸如房租、水電、吃飯、社交等還是要支出的，怎麼辦？看著存款越花越少，又沒別的錢進帳，很焦慮怎麼辦？

坦白地說，「時間自由，呼吸自由，玩得很爽」這個範本的自由業生活，我只過了半年左右。

從第七個月開始，被現實打臉的我，被迫重新檢視自己，重新整頓生活。

像我，做自由業以後，主要靠寫書、寫稿子、寫業配文章等賺錢。

但業配文章和稿子（雜誌、自媒體平台等邀稿）的工作都不是每月固定有的，收入極其不穩定。

寫書的話，在內容好、品質高的前提下，能賣不錯的價錢，但問題又來了：第一，全職寫作意味著「脫離職場」，你必然會損失掉一部分的社會體驗、社會觀察、素材來源和敏銳度；第二，你很難保證你的提案就一定能過，一定有出版社跟你簽約，在簽約出版這件事情上，選題方向、內容品質和人脈資源三者缺一不可；第三，沒有經過職業化訓練就貿然全職寫作，效率往往很差，你很難持

續、穩定地輸出優質內容。

自由，是另一種意義上的枷鎖。

我在「從事自由業後能過著理想中的作家生活」這個美好藍圖幻滅以後，意識到「自由業時間自由」的論斷錯得離譜，自由業的本質是「時間自主」而非「時間自由」。

從事自由業之後，你能自主掌控自己的時間，自己決定今天做什麼，明天做什麼，你能自主調整一個時間段內的工作強度和節奏，但你並不是自由的，你的時間依然不完全屬於你自己。

因為沒工作就沒錢花，經濟壓力最終會把你逼到牆角，讓你焦慮，迫使你進行更高效的工作，自由業「時間自由」的前提只可能是「極為自律」。並且，自由業對「人脈資源」和「工作效率」的要求都更高，不然你接不到工作，更拿不到錢。

後來，我跟一個做職業編劇的朋友 Z 先生聊天，我說我的自由業生涯到了瓶頸期，有點焦慮。

收入不穩定，寫作效率低，連睡到自然醒都不香了，我問他當年是怎麼過這一關的。

他說，他是職業編劇。在他看來，編劇是一門技術，技術就一

定能賣錢，他們都是先簽約再開始寫，只要不出大的紕漏，一定有錢拿，所以經濟上他沒什麼好焦慮的。

而且，他每天保持兩小時的閱讀量，固定寫三千字，狀態極好的時候，一天能寫兩萬字，有工作的時候就寫劇本，沒工作的時候寫寫散文或小說，反正不讓自己閒著，始終保持最佳狀態。

我追問他：「那你寫不出來的時候怎麼辦？」

他當時就笑了，「不會，你就算硬寫也得寫出幾集劇本來，要是第二天開劇本討論會的時候你還沒寫完，導致大家開天窗，導演和製片都想殺你了。」

他們圈子裡就有那種很喜歡拖稿、很會拖稿的編劇。

他有個編劇朋友是拖稿專家，每次交不出劇本就瞎編理由，什麼生病、做手術、前女友結婚去搶親、出車禍等狗血理由都用過，連奶奶去世了的理由都用過，等製片人反應過來後破口大罵「你奶奶都死了三次了，再不交稿我辭退你。」

Z先生也不是從一開始就這麼自律，每次都能按時完成任務的，他也是被罵出來的，是透過「自我訓練、強制自律」才做到的。

這段友好交流之後，我也開始了我的自律訓練。

我在網路上買了個 ins 風的軟磁白板（超大的冰箱貼，貼在冰箱上當工作備忘錄用）、白板筆和 A3 的日曆，每天和自己開會。

白板上，我分了兩欄：左邊一欄為日常事項，如「每天閱讀一小時，運動三十分鐘，聽三十分鐘的 TED，每週見一到兩個朋友，保持社交活躍度」等；右邊一欄列上一段時間內的「工作目標和待辦事項」，每完成一項，就劃掉一項。

我將 A3 日曆貼在了牆上，把重要的日子和「截止日期」都標記出來，在旁邊貼上了貼紙。

此外，我還下載了一個效率管理的 App，每天在 ins 風白板和效率 App 上雙重打卡，早上花十分鐘和自己開會，晚上花十分鐘總結和檢視，其餘時間實行彈性工作制。

「和自己開白板會」計畫試運營兩個月以後，我的工作效率提高了至少三倍，有穩定的產出，每次都能按時交作業的感覺很爽。

所以說，某健身 App 的口號真的很棒，「自律給我自由」是真的。

自由工作者能四處瀟灑的前提是，在沒有他人約束的情況下也能有效地自我管理，能在「放鬆自我」和「高效工作」之間自由切換。自由工作者比一般的上班族更需要「敬業精神」。也許哪天你也想成為自由工作者了，但在那之前，你得重新訓練自己，確保能管理好自己才行。

關於自由職業，我要打碎的第二個濾鏡，叫「賺錢的姿勢更舒服了」。

沒有老闆管，用技術換錢，錢多又省事的工作就接，不喜歡的客戶就不搭理，豈不是比當上班族舒坦多了？

　　「畢業兩年，三年工作經驗」的網路流行梗，形容的就是喬一的生活。

　　他在廣告公司做平面設計，做了三年多，幾乎每週都在加班趕圖，加班加到年紀輕輕就開始掉頭髮，整天擔心自己禿了怎麼辦，因此在網路上買洗髮精一定會加上關鍵字「防掉髮」；加班加到把近距離戀愛談成了遠距離戀愛，從大學就開始交往，交往了快五年的女朋友都被別人拐走了；天天坐在電腦前也沒時間運動，體檢報告顯示他有脂肪肝的風險。可他才 25 歲啊。

　　他心一橫，「老子不幹了！」一衝動跟公司提了離職，裸辭後開啟了自由業的生活。

　　第一天很爽，第一週很爽，第一個月也很爽，第三個月交完下一季的房租後，他很心疼。看著銀行帳戶裡所剩無幾的餘額，他焦慮了，兄弟找他去酒吧，平均六百元以上他就不想去了，自動放棄「帶薪休假」的資格以後，他沒那麼多錢燒了。

　　據當事人事後總結，他成為自由工作者後最大的感悟是「太草率了」。

他以為，憑藉他三年高強度的工作，累積了大量的設計作品，也認識了不少其他廣告公司的朋友，總該每個月都能接到工作，養活自己肯定沒問題的。然而，理想很豐滿，現實很骨感，現實打你臉的時候絕對不會心慈手軟。

他是 4A 廣告公司出來的，以往工作很賣力，設計功底不錯，服務的客戶也多是大品牌，在平面設計這塊，他確實有點小本事。

可是，他之前沒想過，以前上班有人專門負責接單，到他手上只要做執行，按照客戶預期的標準交圖交作業就行了，而輪到自己獨立運作了，市面上僧多粥少，錢少苦逼的工作沒人接，只要看得上眼、預算還不錯的工作，大家都是搶著做的，而且，能放棄穩定收入選擇自由業，有這個底氣的同行多半有幾把刷子，自由業市場上可謂八仙過海，各顯神通。

於是，他只能身兼多職，既要當商務拓展，混圈子、搭建人脈，確保自己能經常接到工作，又要保證設計水準地出圖，必要時還得去給客戶當苦力，做現場執行，他自我調侃道：「簡直當代男德典範──活好不黏人，一切客戶說了算。」

一句話，想在自由職業這條路上走得更遠，你得學更多的東西，始終對自己保持高要求，保持跟時代接軌。

03

SOHO 的全稱是 Small Office， Home Office，用以指代「小型辦公室」和「居家辦公」。

我們平常說的 SOHO 一族，通常指居家辦公的自由工作者，比如作家、自由撰稿人、自由設計師、民宿體驗師，等等。

我相信，未來伴隨著經濟的發展、產業的升級和細分、數位化辦公平臺的優化，以及 Z 世代對「自我實現」的新理解、對「自由」的進一步渴求，一定會湧現出更多的 SOHO 族，更多的自由職業者。

沒有人管、睡到自然醒、自主安排工作聽起來很誘人，但在真的踏上自由職業這條道路之前，你得放棄一切都很美麗的幻想，像創業一樣選好一條賽道，想清楚你要用什麼技能去換錢（商業的本質是價值交換，出售產品或服務，再把錢收到自己口袋裡）；儲備一定的緩衝期彈藥（至少得準備六個月的生活費，確保自己躺平六個月，哪怕什麼也不做都生活無憂、餓不死）；塑造更成熟、更職業化、更自律的「工作人格」，不管前幾天玩得多嗨，有正經事要幹、有作業要交的時候，能立刻切換至一級戰備狀態（好了，我要專心工作了，手機、平板電腦、遊戲機都離我遠一點，天王老子來找我也不搭理），只有這樣，你的自由業這條路才可能走得通，走得遠。

最後，我想引用賈伯斯的一句話與君共勉：「Stay hungry, Stay foolish.（求知若渴，虛心若愚）」

未來一定會有很多職業種類會被智慧型機器人和程式化操作替代。有些當下已經看到趨勢了，比如，很多商場、超市的收銀員都被換成了自助的智能收銀台；無人駕駛技術將來會取代很多司機；高速公路收費員會被機器取代；AI 換臉技術成熟後，藝人也並非那麼無可取代；一部分程式設計師的職業壽命也可能更短了，因為程式設計機器人完全可以勝任他們的工作。

如果不想輪到你自己將來被淘汰，留給我們的只有兩條路：

一條是你在某領域專業到極致，放大自己單位時間的勞動價值，把自己的單位時間賣一個更好的價錢。另一條是重新做職業規劃，去選擇那些更難以被機器取代的職業，比如，從事富有創造性的工作（如小說家、藝術家、獨立音樂人）、非機械性的複雜的策略性工作（如執行官、經濟分析師）、非重複性的善解人意且富有同理心的工作（如大學教授、醫生、律師、心理諮商師）等等。

未來很長，自由很誘人，你要做好充分的準備，去擁抱每一種可能。

————和自己的約定——

無論你的包包裡裝著多少野心和夢想，

它都不能代替你去完成，

你能依靠的只有你自己。

女人的包包裡，
藏著她的勳章和野心

女人和包包，似乎總有說不完的故事。

那時我剛工作沒多久，在廣告公司做企劃，珍妮是我的頂頭上司。

有一次，她帶著我跟凱麗去某個重要客戶的公司開會。客戶公司位於市中心的一個高級辦公大樓，門禁森嚴。我們登記好資訊後，在大廳等客戶下來接。走在最前面的珍妮突然轉身，用漫不經心又不容置疑的語氣說：「你們兩個的包不行，下次開會背像樣一點的包。」

我跟凱麗立刻面露尷尬，互相看了一眼後低頭檢查各自的包。

我背了一個小眾設計師品牌的包，網路上買的，不到五千塊，凱麗背了一個紅色的 Prada 迷你包。主管的意思大概是：我的包包看起來不值錢，上不了檯面；凱麗雖然背了個 Prada，但款式小家子氣，一點都不專業。

我們兩個的包包彷彿在暗示客戶：我們不夠專業，不是出色的廣告圈從業人員，都沒能替自己買個像樣的、職業化的包。

珍妮當天背了一個黑金香奈兒，準確地說是香奈兒經典包款（Chanel Classic Flap），看尺寸應當是中號，當然，她穿的也是香奈兒套裝。

她雄赳赳氣昂昂地帶我們進了客戶預約的會議室，跟客戶開了一個無比順利的會議，除了做會議記錄和展示過往案例之外，我跟凱麗那天確實沒發揮什麼太大的作用。

那次過後，我把家裡亂七八糟的包包都處理掉了，開始學著根據平常上班、去客戶公司開會、週末社交、與男友約會等不同場合搭配不同品牌、款式的包。

女人的包包，不只是個拿來裝東西、配衣服的裝飾品那麼簡單，尤其對都市女性而言，包包是她們的底氣，都市女人的包裡，裝著她們的勳章和野心。

02

大部分影視作品在展現職場女性事業上崛起的時候，都會刻意用鏡頭語言突出女性包包的升級換代，她們賺得越多，包就越貴。

我剛畢業的時候看《穿 Prada 的惡魔》，覺得安海瑟薇飾演的

安德莉亞很勵志，她在時尚圈一步步逆襲的過程很振奮人心。

但用現在的眼光看，《穿 Prada 的惡魔》和《北京女子圖鑒》一樣，都太脫離現實，女主角的勵志形象全靠編劇金手指賜予。

安德莉亞和陳可依兩個人的奮鬥經歷都摻雜了太多水分，安德莉亞無法代表曼哈頓的職業女性，陳可依也代表不了背井離鄉、單槍匹馬去北京打拚的女生，現實的生活遠比她們經歷的殘酷。

從這點來看，珍妮比她們更值得我尊重。

從小鎮走出來的珍妮，以前也經常背幾百塊錢的帆布袋，也不是從一開始就負擔得起香奈兒的。從客戶執行到客戶總監，從月薪三萬到年薪百萬加年終獎金，她花了五六年的心血。

每天隨身帶著兩三部手機，從來不敢關機；一年三百六十五天幾乎全年無休，生病了硬撐著去公司安排工作、去客戶那裡提案是常有的事；作息和飲食都不規律，有嚴重的神經衰弱，腸胃不好，做過手術，腦子裡每天大概有一百件事情在同時運轉。

初入廣告這行那幾年，她的年假從來沒休完過，多半是到期自動註銷。

她的生活裡工作永遠排在第一位，沒有貴人幫扶，全靠自己打拚。

沒有帥哥和浪漫的約會，只有過幾段無疾而終的感情。晚婚，但結婚後在大城市買了房，生活總算穩定下來，這才有機會調養身體。儘管老闆開口，如果身體沒恢復可以再讓她休息一段時間，可她還是生完孩子沒多久就火速進公司恢復工作狀態了。

沒別的，怕位置被人替代了，她花了很多心血才打下的江山，不能拱手讓人。

根據小道消息，珍妮每年的 5 月 8 號都會買包，那是她工作後第一次加薪的日子。

她家的臥室壁櫥裡放著好幾排包包，最便宜的幾千塊，最貴的幾十萬塊。每個包包都用防塵袋仔細地包裹著，每個防塵袋上都貼著一張長方形的標籤，上面寫著她購買包包的時間和只有她才看得懂的文字暗號。

即便有幾個很便宜的包後來再也沒背過，她還是會定期拿去保養。

這種儀式感來源於她對過往經歷的尊重。

每個包裡裝過的東西，是她每個特定時期的勳章，提醒著她在事業上的野心，與她的每一段人生形成了一種奇妙的交相輝映。便利貼、5A 筆記本、迷你化妝包、筆記型電腦、心理學書籍、工商管理碩士證書、新房鑰匙、便攜式擠奶器……

女人，一個包包記錄一段故事、一段人生。

珍妮背過的每一個包，都像是她的華麗戰袍，上面鑲嵌著只有她自己才看得見、摸得著的榮譽勳章，見證過她深陷黑暗的泥沼，無力彷徨，也見證過她從泥濘裡爬出，抖落塵土，走向榮耀，攀登事業上一個又一個高峰。

買包從奮鬥動力變成了她的一種生活習慣。

不管是飛香港、日本、歐洲，還是美國，她總會買那麼一兩個包回來，她老公從不攔她，想攔也未必攔得住，畢竟買包的錢都是她自己賺的，並且都是在她的經濟能力範圍內的。

我們應該拒絕掉進消費主義的陷阱，拒絕盲目比較，拒絕為了他人眼中虛無的符號意義去追逐奢侈品。所謂君子愛財，取之有道，用之有度。但物欲並不總是壞的，它在必要的時候催人奮進。與其勉強克制自己的灼心渴望，倒不如認真思考該用怎樣的方式，合理地滿足自己在物質層面的欲望。

想要香奈兒，憑藉自己的實力去買，與眼巴巴地等著別人送，意義大不相同。

03

Ada 是我一個朋友 S 所在的廣告公司的客戶經理，圓融機靈，

非常擅長和客戶接洽，江湖傳言幾乎沒有她搞不定的客戶，就算是被競爭對手公司撬掉的客戶，她也能再度挖回來。

她唯一的缺點是英語底子不好，碰到國外客戶有些吃力。當時 S 的公司有個預算很大的專案由 Ada 負責，競標的節奏很緊湊，恰逢 Ada 的小助理辭職，她一時之間招不到合適的人。

我答應幫 S 的忙輔助 Ada，和她去客戶公司做全英文提案。

客戶的老大前面的會議還沒開完，我們只好在會議室乾等著。

一個很小的細節引起了我的注意，Ada 入座後先是把筆記型電腦擺在了會議室的桌子上，然後依次擺開名片、會議資料和筆，最後很隨意地把她淺棕色的 Celine 鞦韆包扔在了椅子旁灰不溜秋、髒兮兮的地毯上，一絲絲怕弄髒包、心疼包的意思都沒有。

那樣的不經意真叫人心動啊。

即使這款包是很多女生夢寐以求的，對 Ada 來說也不過是個普通物品罷了。

我和 Ada 成了朋友後，對她的瞭解更進一步。

她不是不講究，只是隨性慣了。不會誇張到背著 LV 經典包款去菜市場買菜，但用它裝三明治早餐和豆漿是常有的事；花了很多錢買的黑色連體闊腿褲，既能穿著去參加朋友公司的融資答謝晚

宴，也能穿著跟我們一群人坐在街邊喝啤酒、吃燒烤、閒聊；喜歡飛到東京逛中古店買香奈兒的復古手錶和耳環，網拍上幾百塊錢買的珍珠耳環也戴得不亦樂乎，還經常要我推薦店家給她。

Ada 身上有種與生俱來的隨性灑脫，秉承「讓物質止於物質」的生活哲學，不會因為一個東西花費了很高的價格，就被它捆綁住了，做事情束手束腳。

除卻對待客戶時的面面俱到，讓人如沐春風，她對待物質的瀟灑隨性是我最欣賞的部分。我們兩個人逛街，最大的樂趣在於逛犄角旮旯的小店，尋到好看又便宜的耳環和帆布包。

04

我總覺得，「女人嗜包如命」的說法是社群媒體對女性的一種汙名化。

女性愛買包包、愛買口紅的人設，離不開社群媒體的大肆渲染，這是社群媒體出於想要引起話題、搶流量、帶風向的表達，也是社群媒體、一些網紅和為了經濟利益行銷「包治百病」的時尚品牌、時尚雜誌、消費平臺完成的一場共謀。

這就誤導了很多初入社會、價值觀尚未健全、自己手裡也沒什麼錢的小女生，讓她們誤以為，只要背上了各大奢侈品牌的包，穿一身大牌，就能在物欲橫流裡縱橫馳騁，人生就會從此改變──青

雲直上，要風得風，要雨得雨。

這很離譜，根本本末倒置了。

衣服和包包，確實在某種程度上能彰顯一個人的品味與經濟實力，但從來都不是用物定義人，即使是愛馬仕限量版也不行。

說到底，包包只是一種道具，不論你有何種人生理想和事業上的野心，它都不能替你完成，你能依靠的只有你自己。

你的人生劇本，與包包無關，與他人無關。

這僅有一次的人生，我不想說抱歉

——和自己的約定——

肉身走太快了，容易迷路，
你要等靈魂跟上來，才能走更遠的路。

沒有誰能假裝活得很好，
我們終要對自己坦白

身在大城市，下雨天的下班時間尤其難叫到計程車。

等了十五分鐘，我叫的車才姍姍來遲，上了車沒開幾步就又塞在高架橋上，如果不是忙了一整天太疲憊，我肯定乖乖去擠地鐵了。坐在計程車後排，靠著車玻璃，望著外面焦灼的車流和依然妖嬈的霓虹燈，心頭突然湧出一股沉重來。

生活像一場盛大華麗的木偶戲，我們在臺上賣力演出，台下坐著稀稀落落的觀眾，雖偶有喝彩，也為那些喝彩而欣喜，但繩子卻始終握在別人手裡。

上半年沒完成的 KPI 一股腦襲來，很有默契地擠到了同一個月份，殺得我措手不及。

班導師發了法學課期末考試准考證給我，離考試還有一週，我一頁書也沒複習，著急上火。

三十二封待處理郵件，六百多則未讀訊息。

無論是白天清醒自持，還是晚上路過熟悉的餐廳，聯想到某個人時，還是一陣心痛。

整個 6 月，我過得兵荒馬亂。

夜半失眠爬起來滑手機，剛好滑到「累醜」這個話題，我承認，我被這個話題狠狠擊中了。

歲月不一定催人老，但日以繼夜地熬夜工作、情緒堆積、壓力爆炸，一定能催人形容枯槁。

洗完澡，裹著浴巾吹頭髮的我，猛然被鏡子裡憔悴的容顏嚇到了，當即用意念喊了一聲「停」。

不能再這樣折磨自己了，我得趕快恢復生活的正常秩序，而我用來重整旗鼓的第一個嘗試是寫日記。

一天、兩天、三天，有時簡單記錄生活，有時情緒洶湧，洋洋灑灑寫滿好幾頁，有時為了紀念某個特別的瞬間，有時寫下自己做得不夠好的地方好好反思。

寫到第十一天，生活忽然如德芙巧克力般絲滑起來。

很多惆悵糾結細碎的小情緒，在落筆的瞬間揮發掉了。

行為心理學告訴我們，養成一個好習慣需要二十一天那麼長，但寫日記讓餘生變好只需要從落筆開始。

02

我從讀中學時養成了寫日記的習慣,從小到大寫滿的日記本有十幾本。

偶爾,翻從前的日記,看著那些龍飛鳳舞的字跡,大腦會自發地演起內心戲。

「咦,你當時竟然這樣想?你還喜歡過那個人?原來你跟她那時關係那麼好,然而⋯⋯」

看從前的日記時,我常常有那時很傻很單純、很叛逆、很憂鬱、太想做出點事情、給自己太多壓力了的感慨。

每次讀完從前的日記,我都會對生活、對人生、對未來生出新的念想來。

像複習了一遍自己的青春。

這幾年因為忙於工作的緣故,我很久沒動筆寫了,思緒與生活也都混沌起來。今年恢復每晚睡前寫日記的習慣以後,我重新安頓好了自己的生活。

改掉了亂花錢的毛病(我把寫日記和記帳 App 兩者結合起來了);提高了精力管理的能力,工作效率變高;完全摒棄了無效社交,更能面對自己的感情狀態,更加確信:

愛是一種能量,唯有內心富饒充盈的人才有能力去愛別人,如

果自己狀態不好，那遇到的戀愛對象往往也不會是對的人。

寫日記為什麼會有那麼大的魔力呢？

我覺得寫日記是一種療癒創作，是一種安全、不用防備的情緒流淌和自我剖析。

從你坐在書桌前，攤開日記本開始，從第一句到最後一句，從隨意的開頭到漸入佳境，大腦如同被什麼東西神奇地牽引著，讓你源源不斷地傾倒壓力、煩惱、焦慮、不安等情緒垃圾，每一步都在幫你緩解壓力、面對生活、調整心態，甚至解決問題。

日記如同你最貼心、嘴巴最嚴的好朋友。

它的魅力在於停頓，讓你從倉促庸碌的生活中停頓下來；在於反思，而善於反思是沉穩成熟的開始；在於期許，你會寫下許多昨日惆悵，亦會寫下許多明日期待；在於留白，一覽無遺的白紙不叫留白，白紙上有線條勾勒暈染的畫面之餘還有空間，那個才叫留白，而留白令人著迷。

肉身走太快了，容易迷路，你要等靈魂跟上來，才能走更遠的路。

城市裡工作壓力太大了，生活節奏太快了，很多時候，大家只

是麻木地做各種事情，經常忘記停下來，忘記聽自己心底的聲音，聽聽自己最想要的到底是什麼。

頂著烈日坐在大石頭上舔正在融化的雪糕，能開心一整個下午；放假前，在走廊上跟暗戀的人迎面相遇，他一手抱著籃球，一手做出假裝擁抱的動作後，摸了摸你的頭，整個暑假變得餘韻悠長；牽著喜歡的人，在暴雨裡狂奔，嘴角一路上揚，絲毫不在意新買的白色連身裙被泥水染成煙灰色；第一次加薪三千塊，你看了眼菜單，今天不用省錢點今日特餐了，要把喜歡吃的菜都逐一點一遍；過年，車票未買，歸期未定，家裡打電話過來催問歸期，問你想吃什麼菜好開始張羅等等。

我們也曾擁有和珍視那樣單純的快樂，但走著走著卻忘了，弄丟了。弄丟了咀嚼那些快樂的心境。寫日記，像清風明月下的對話談心，能讓你在庸碌迷失中直面內心與生活，找回自己的信念。

我總覺得，每個人都需要信念，有了信念，才會忙中有序，有了信念，許多當下讓你很痛苦的瞬間、很痛苦的堅持，都能變得意義深遠。

03

城市裡潛在的憂鬱症患者很多。

有人因為當過很長時間的鑰匙兒童，童年時期的情感缺失造成了人格上的不健全，沒辦法處理好兩性關係；有人一直走不出被前任傷害的心理陰影，又不斷地陷入糟糕混亂的戀愛裡，把生活搞得一團糟；有人因為婚姻不幸又沒辦法離婚，整日活在痛苦中。

我跟一個做心理諮商的朋友王博士聊過，她說，很多人都是憋到最後扛不住了才去做心理諮商，才肯去看精神科醫生的，但往往到那個時候已經有點晚了。

很多人不知道，心理諮商師不是萬能的，他們也只能扮演引導和疏通的作用。

每次心理諮商（當然，精神治療除外），都不是靠諮商師簡單給出建議就能解決問題的。諮商師發揮作用的前提是，來訪者願意放下戒備，願意配合，願意主動進行自我發現和自我救助。

心理諮商師提供的只是一個吐露心聲的一扇窗，問題的最終解決，要依靠來訪者的自我心理調節。

從這個角度來說，寫日記是非常好的自我救助和精神充電。

每個人內心深處都是渴望被愛、被關心的，但這種被愛和被關心並不總能得到滿足。

而寫日記能讓人跳出「自我」的牢籠，進入一種自然的、放鬆的狀態，從一個相對客觀的觀察者視角去記錄生活，記錄情緒，再進一步分析事件和行為，發現那些因陷入生活瑣碎中而忽略的美好畫面，找到精神和情感上遺失的拼圖，彌補因情感缺失造成的困擾和疼痛。

悲傷的情緒是無可迴避的，但文字有天然的奇效。

蘇珊・福渥德博士在《父母會傷人》（Toxic Parents：Overcoming Their Hurtful Legacy and Reclaiming Your Life）一書中，就曾建議那些被原生家庭毒害過的人，透過寫信給父母的方式自我療癒，不再因童年受到的傷害負重前行。

04

透過寫日記，我們還能解決很多實際問題。很簡單，就三步。

第一步，陳述與回顧。

記錄當下的現狀，描述問題的癥結，表達自己內心真實的感受。

第二步，客觀分析問題。

不要被情緒妖怪蠱惑，也不要刻意去美化人性中的陰暗面，要像一個冷靜客觀的旁觀者那樣冷靜分析。

第三步，提出解決問題的辦法。

自己當自己的人生導師，提出方案，解決問題。

寫日記的底層邏輯跟聯想集團的「複盤哲學」有異曲同工之妙，離不開回顧與反思。

複盤本是圍棋術語，意思是在下完一盤棋以後，要重新擺一遍，看看哪裡下得好，哪裡下得不好，再分別進行分析與推演。2001 年左右，有人將複盤引入經營與管理之中，極大地提高了組織能力和運行效率，後來該方法被廣泛推崇。

JoJo 是複盤哲學的深度踐行者。

印象中 JoJo 是個寡言少語、不喜社交的人，可有次加完班一起喝酒，她跟我聊了很多。她說，其實冷漠是她的保護殼，她是靠著這層弱小的保護殼才一步步走到現在的。

她很小的時候，父母就離異了，她是奶奶帶大的。父母各自有了家庭以後，聯絡就更少了。爸媽有時會相互推諉她的學費、生活費，小時候，每次開學前，她都異常沉默乖巧，她很害怕沒人匯錢過來，怕沒錢去學校報到。

她知道除了奶奶以外，她無人可依，所以她一直很努力地學習。她雖然刻苦，但天資一般，高三那年她拚盡全力也只考上了很普通的大學。

畢業剛開始工作的時候，她拿著每月兩萬多的薪水，日子一直

過得很落魄。

後來，她在公司的某次內部培訓上第一次聽到複盤這套方法論，如醍醐灌頂。

她立刻在網路上買了一本精緻的 A5 筆記本。她把每一頁都用一條分隔號分成了兩半，一半寫生活反思，一半寫工作反思，每天寫，一天都不跳過。

慢慢地，她寫完了五本 A5 筆記本。

在複盤理念的陪伴下，她每天進步一點點，從推開生活的窗到打開生活的門，從一個私立大學畢業的在辦公室裡毫無存在感的小財務，到業內某知名廣告公司的專案總監，從月薪兩萬到年薪百萬。

如果不是靠著那股子不服輸的倔強和越反思越清醒睿智的信念感，她走不到現在。

當然，我三個月後才知道，她找我喝酒的那晚，她奶奶去世了，她在這個世上最親近的人沒了。

我想，在之後的時光裡，她的 A5 筆記本裡面會有很多關於奶奶的溫暖記憶，那樣的記憶會幫她獲得溫暖，陪著她接著走好往後的人生路。

餘生路漫漫，有知己一路同行，是天大的幸運。

　　如果你身邊有值得信任的可以隨時分享生活的人，即使相隔如山海，我亦在遠方為你開心；倘若尚未遇到，那不妨從明天開始，買一本精緻的筆記本給自己吧。

　　不管有沒有他人相伴，沒有誰能假裝活得很好，我們終要對自己坦白。

——和自己的約定——

你需要一個無條件支援你的人，

對你盲目信任的人，

毫不吝嗇地稱讚你的人。

你要有一個能隨時把你
從黑暗裡拉出來的人

在網路上偶然看到過一個提問：有沒有一首歌陪你度過那段最黑暗的時光？

有人回答是歌曲〈達爾文〉。

我便問自己，我的黑暗之光是哪首歌？腦子裡率先彈出來的是歌曲〈零〉。

熟悉我的讀者都知道，我到大城市以後的第一份工作是在廣告公司當企劃，那時經常熬夜加班，寫企劃案、做 PPT，經常加班到空曠的燈火通明的辦公室裡就剩我一個人敲鍵盤的聲音，加班到連機房裡的老鼠都趁著夜色出來活動筋骨，我甚至能聽到它們鍛鍊身體的聲音。

公司前臺正對面的幾家公司也都沒人了，關燈了，昏暗的走廊裡偶爾出現的腳步聲令人慌張。加上我膽子小，從小就害怕老鼠，

只好用別的聲音蓋過那些聲音。

所以，後來每次加班到只剩我自己一個人的時候，我都會在辦公室裡外放首歌，把聲音開到最大，用單曲循環的方式為自己的勇敢充電。

再後來，每當遭遇小落寞、小失意的時候，我都會回頭去聽《JAY》、《依然范特西》這些專輯，歌裡有太多關於青春的美好記憶。

那種被治癒的感覺，就好像你通過哆啦A夢的任意門，穿越回了少年時代，跟那時最好的朋友們在沙灘上追著跑，傻笑著，打鬧著，踩幾朵浪花，再撿幾塊好看的貝殼。

那種純粹的快樂，連站在一旁的時間都捨不得按快門。但若人生灰暗、壓力很大、負面情緒累積到快爆炸，幾近炸出一片血肉模糊的時候，周杰倫的歌也會不夠用。

每個人都需要一個宣洩負面情緒的出口，不然壓抑到一定程度會出問題的。

所以，你要有一個能隨時把你從黑暗裡拉出來的人，他可以是你的戀人、你最好的朋友，也可以是某個很聊得來的網友，他瞭解你，瞭解你走過的路，他不僅不會拒絕你，還會給你溫柔的傾聽和鼓勵。

你想找他吐露心聲時不用擔心場合、場景，不用拿起電話猶猶

豫豫，也不用在通訊軟體的對話框裡打完字又刪除。

他一直都在那裡，為你時刻準備著，只要你願意開口。

02

2020 年 1 月到 3 月，是我這幾年經歷過的最灰暗的一段時光。

好事通常不會成群結隊，但壞事尤其喜歡搞圍毆，而我則單方面被生活毆打。

那段時間，我依次經歷了疫情、裁員、分手、買的小房子出現了糾紛要盡快轉手賣掉、被迫除夕當天搬家的連番打擊，原本期待上市的新書因為疫情的緣故又出不了，只好跟原先的出版社解約，重新談合作，家裡又再次催婚，催我安定下來。

我那時候是品牌經理，我所在的網際網路公司有三個聯合創辦人，我的頂頭上司是公司的 CMO（市場總監）。1 月底，我收到 CMO 的裁員通知的時候，腦子轟的一聲炸開了。

上司打了幾百字，鋪陳了很多內容，肯定了我過往的工作能力，還承諾將來時機合適可以再回去工作，業內有好的職位也會幫我推薦。雖然遇到這樣的上司已經算很好了，我能在溝通的過程中感受到他那股「想要照顧我感受」的真誠，但澆在咖啡上的奶蓋蓋不住咖啡的苦，上司的言語包裝也改變不了「我被裁了」的殘酷現實。

疫情期間，我失業了，收入斷了，但房租、水電、吃飯、保險費等硬性生活成本每月還在支出。

整個人很焦慮。

除了焦慮，還很難受。讓我難受的不是「裁員」這件事，而是「為什麼是我」。

我們這種小城鎮長大，孑然一身來大城市打拚的人，適應了大都市的五光十色、配套完善、生活便利和豐富的娛樂活動以後，就很難回到原來的小地方了。身後又什麼依靠都沒有，錢是我們的膽，工作是我們最大的安全感，一份有成就感的工作是我們抵抗這個世界的惡意和不理解的堅硬盾牌。

失業跟裸奔差不多。

我自認為工作能力很強，在公司戰略方向不斷調整、工作職責經常變動的大前提下，也從來沒有出過包，主管們過往的評價也都不錯，但越是這樣，被裁的事實就越讓我懷疑自己，懷疑人生。

裁員給我的打擊很大，失戀又傷我很重。

我跟前任那段轟轟烈烈的姐弟戀、遠距離戀愛，也埋葬在了那段時光中。

我比前任大 6 歲，我工作的時候，他還在讀書，我們分隔兩地。我是敏感細膩、不喜歡有誤會，所以總把話說得很明白的巨蟹座；

他是很固執，什麼事情都憋在心裡，喜歡讓人去猜，但有時候行動又會大於語言的金牛座。

過去在一起的時光很甜。

他會在說你是小氣鬼的同時，寵著你。

他會在你被別人騙了錢，罵完你很笨之後又立刻補充：「但又很聰明，所以才能把我騙到手。」

他會在你鞋子磨腳、逛完街耍無賴不想爬樓梯的時候，主動彎下腰，背著你一口氣爬到五樓。

他會在你生日當天，前腳說公司最近太忙了，航班排得太滿，請不了假，後腳捧著兩個蛋糕（一大一小，一個是我喜歡的卡通圖案，一個有好吃的水果和奶油），飛三個小時後出現在離你家最近的商場的手搖飲料店裡，買好兩杯三分糖的多肉葡萄等你出現，幫你慶生。

我們就這樣甜甜蜜蜜地到了我三字頭的年齡，迎來了**轟轟烈烈**的分手。

我們之間沒有變心、劈腿這樣的狗血劇情，我們只是沒有未來，很難有共同的未來，因為遠距離、雙方父母反對，甚至是信仰衝突，等等。到最後，只好還彼此自由。

分手以後，我把他所有的聯繫方式都封鎖了，我不是一個不可以和前任保持距離、做回普通朋友的人，但如果是他，我想斷得乾

淨俐落，因為越是甜過的感情分開了越傷，藕斷絲連只會害自己。

別人很難想像我那段時間有多厭世、多消沉，誰讓我一直是朋友圈裡的那個小太陽，那個總是元氣滿滿、能量滿滿的人呢？

受疫情影響又不太能出門，一連幾個月，我都把窗簾拉著，不接電話，不回訊息，把自己關在家裡，關在黑暗裡。我房間裡有一面落地鏡，落地鏡的後面有一排空酒瓶，歪歪斜斜地躺著，像在嘲笑我叱吒大城市的夢想搖搖欲墜，愛情也壯烈犧牲。

我不酗酒，但那陣子幾乎每天都喝，喝到微醺，這樣能讓思考的速度慢下來，就能不那麼難過了。

醫者不自醫，在愛情這件事情上，我是一個習慣了當別人的軍師，卻經常憋死自己的人。

所以我每天任由負面情緒在身體裡流淌著，以為會像往常一樣負負得正，靠自己消化掉所有糟糕的情緒。很遺憾，我失敗了。

厭世到極致的時候，好友斯坦打電話給我，打了十幾通，打到我接為止。

我們一聊就是一個多小時。我們認識十多年了，他知道我糟糕的時候習慣把自己關起來。

他聽我講完了所有的故事，聽我講完了所有好的壞的狀況，安慰我一切都會過去的，鼓勵我下一份工作會更好，下一個男朋友會更好，第三本書一定會大賣，等等。

我的情緒真的慢慢好起來了，他把我從黑暗的深淵裡拉出來了。

人類的嘴巴會撒謊，耳朵卻無比誠實。你不得不承認，在某些特殊的時刻，你就是需要一個無條件支援你的人，把你看成是天上星星的人，對你盲目信任的人，毫不吝嗇地稱讚你的人。

在那個當下，你根本不需要什麼邏輯，不需要什麼大道理，你就是需要那樣的溫柔，那樣的偏愛。

我很幸運，擁有幾個這樣的好朋友。

斯坦是那個會耐心傾聽，也會幫我理性分析的人。

米亞是那個不管我在哪裡做什麼，她都堅定地愛我、相信我，隨時準備好給我驚喜的人。

小魚是那個始終相信我能做出點什麼事情來的人，會在我疲憊至極時感慨「因為沒有大樹，所以想做自己的大樹」時，堅定地說：「不管你是什麼，你在我心裡就是一顆最亮的星星，會閃的那一種。」

03

半年多以後，斯坦的公司業務調整，他手上多出來很多新的工

作，每天的工作內容能排滿一整張 Excel 表格，天天都加班到半夜，吃飯約會總遲到，另一半跟他鬧彆扭，以往的默契和熱烈變成了在通訊軟體上吵架時的殺氣騰騰和尖酸刻薄，好好的近距離戀愛也談成了遠距離戀愛。

情緒已經很糟糕的時候，突來噩耗，他爺爺去世了。掛完家裡的電話，他立刻買了返家機票，連夜趕了回去。

他傳訊息給我的時候只說了四個字：「爺爺走了。」

我知道藏在這四個字背後的沉重和難過，這次，這次換我陪他度過黑暗了。

我傳訊息給他，打電話，陪他聊天，陪他度過那段時光。

我們每個人都活在情緒之中，在這個高壓的社會裡，「情緒力」也逐漸成為重要的職場競爭力之一。

為此，有段時間，我還專門花心思研究了如何做情緒管理，如何處理負面情緒。

心理學家霍克希爾德教授教會我，除了體力勞動、腦力勞動之外，情緒勞動也很令人疲憊，控制負面情緒的「情緒勞動」正在無形中消耗我們。

「情緒感受」（指內心的真實心情，情緒的捲入度有多深）和「情

緒表達」（表達出來的情緒）之間的差別越大，我們付出的情緒勞動就越多，越疲憊。

因此，我們在壓力本身就很大的時候，需要調整自己的主觀體驗和內在表達，減少兩者之間的對抗性，該表達的時候就表達，不要壓抑自己，減少情緒勞動，這樣才能更好地調整自己的情緒。

世界頂尖演講家安東尼・羅賓則教會我，負面情緒像一個圓圈，會把你困在裡面繞圈子，而打破這種惡性循環，只需要三步，你要有「新的目標、新的動作、新的結果」。

總而言之，你只需要改變機能，轉移注意力就行了。

心情糟糕的時候，不要在腦子裡重複演練那些糟糕的事情，而是要走出去，去看電影，看展，打球，跑步，爬山，逛花鳥市場，去為人生設立新的目標與計畫。

在我看來，他們說的方法都更側重於內求，由內而外地給自己排遣情緒垃圾。但我認為最好的方式一定是內外結合的，既有內部的自我調節，又有外部的減壓地帶。

你具備調控情緒的技能，但與此同時，你不是一個人的孤島，有人陪伴，有隨時能把你從黑暗裡拉出來的人。如果你身邊還沒有這樣的人，從現在開始尋覓也不晚。

千萬別被網路上鼓吹的「情緒化是二等公民，成年人就是需要

自我抑制」這種論調給道德綁架，過度自我抑制的人，後來都得憂鬱症了，情緒管理和情緒閹割是兩回事情。

比起情緒 100% 穩定的機器人，我更喜歡情緒有起伏、會哭也會笑、真實又可愛的人類。

——和自己的約定——

在即使拚命努力也注定徒勞無功的地方，
我們放過自己就好。

不是努力沒有用，
而是正確地努力才有意義

我們都聽過很多大道理，似乎所有人都在告訴我們：你一定要努力。但沒人告訴你到底該如何去努力，沒人告訴你，努力了也不一定能成功。

S 是這幾年很火的一款交友 App，S 市場部的負責人找到了 J 公司，希望做一場大規模的品牌聯合行銷。瑞奇剛進 J 公司沒多久，主管簡單叮囑了幾句，就把活動企劃的工作丟給了她。

瑞奇心裡明白，她是新人，這工作一半是磨練，一半是考驗。

她認真做了兩家公司的品牌調研、目標人群分析和活動主題構思，連中午吃飯和下班的路上都在想還有沒有什麼更有趣的主題方向。週一下班前接到的任務，週二下午就交了報告、約了會議室討論方案。等相關人員都入座後，瑞奇開始對著投影螢幕講解她的方案。

認真講解的她，根本沒注意到主管皺起的眉頭。

終於，瑞奇講完了她的整整六頁簡報，會議室的人開始討論她的方案。

顯然，大家對這個方案都不太滿意。其他人礙於同事情面沒點破，主管比較直接，開口第一句就是：「方案不行，拿不出去。」

在主管看來，既然要提案，哪怕只是內部的第一輪溝通，專案背景、目標人群分析、活動主題、活動規劃、活動排期、執行安排，這些常規的點也都應該考慮到，不用詳盡，但必須列入考量。但瑞奇的方案頭重腳輕，把太多的精力和筆墨放在羅列一些眾所周知的事實上，欠缺深刻洞察和對項目的整體謀劃。

另外，這個方案最大的問題在於，它根本不能算品牌聯合行銷。方案從頭到尾著眼的都是 J 公司的利益點，聽完整個方案你會發現 S 公司在這場行銷裡是個 100% 的配角，可有可無，沒有任何一家公司會為於己無利的行銷花冤枉錢、付出大量資源的。一旦涉及雙方聯合行銷，那就必須基於「聯合行銷」這一根本出發點，平衡雙方訴求和利益點。

瑞奇沒搞清楚「聯合行銷」的要義，做了一場 J 公司唱獨角戲的企劃。雖然她花了很多心思，找了很多參考資料，打了很多字，但六頁簡報裡最終能用上的內容可能只有 10%。

失之毫釐，謬以千里。光年不是時間單位，北極沒有企鵝，赤道沒有雪，方向錯了，你多努力都沒用。

當你扮演解決問題的角色時，必須抓住事情的本質，繼而順藤摸瓜、抽絲剝繭，找到最合適的解決方案。所以，不是努力沒有用，而是正確地努力才有意義。

02

不論學業還是職場，沒人喜歡做無用功，沒人能欣然接受付出努力卻得不到應有的回報的結果。那麼，怎樣才能正確地努力，最大限度地發揮努力的價值呢？

史丹佛大學有個有趣的發現：那些最高效的個人和團隊，在生活中總是有意識地在「學習區和表現區」這兩個區域轉換，而這一點是每個人都可以複製、學習的。

何謂學習區和表現區呢？

在學習區（Learning zone）裡，人們希望進步，會為了進步有計劃地行動，將精力集中在還沒有掌握的知識點上，不排斥犯錯，能有效地從錯誤中吸取教訓。

但在表現區（Performance zone）裡卻完全不同，人們在表現區的訴求是做到最好，是在已經掌握的東西上集中精力，並盡可能地把錯誤縮小範圍。

舉個簡單的例子：

你為了備考多益、雅思、托福而不斷寫題庫時，就是在「學習區」努力。寫題庫的過程中，你有目標有計劃，也不怕犯錯，比起犯錯，你更害怕的是因大意而錯過重要知識點。

但如果你正在進行一場出國留學面試，就切換到了「表現區」。你自然也希望透過一些高級的詞彙和句型來展現出色的英語水準，留給面試官一個好印象。但比起炫耀口語能力，你更害怕弄巧成拙，為了讓面試更順利，你會盡可能地選用自己非常熟悉的單字和句型，展現口語能力。

如果說表現區是輝煌的個人成果展，那學習區便是刻意的、有針對性的集訓與檢視。兩者是相輔相成的，好的學習區累積能促進表現力的提升，好的表現也能提供再次努力學習的動力。

很多大公司都非常重視培養員工「持續地刻意學習和檢視的意識」，以全面提高員工的職場技能，提升企業的整體競爭力。

有時候，我們之所以努力了卻沒有進步，沒達到預期，往往是因為我們沒能正確地區分學習區和表現區不同的功能意義，把過多的時間、精力放到了表現區。

沒人能隨隨便便成功，每個能在表現區散發耀眼光芒的人，都

曾在學習區裡賣力地揮灑汗水。

古希臘著名的政治家、演說家狄摩西尼曾苦練演講，為了讓發音更清晰，他把鵝卵石含在嘴裡練習說話，直到石子磨破了牙齦，每次都弄得滿嘴是血；碧昂絲獲得過二十多次葛萊美獎，位列北美最具影響力女歌手行列的她，每場巡演結束後，都會仔細觀看自己的演出錄影，挖掘不足，記下舞台設計、攝影以及她自己可以提升的點，以便下次做得更好；商業大佬褚時健，對產品有極致的狂熱與品質追求，主張精益生產管理，他能夠一次又一次地創業成功絕不是偶然。

03

如果人生中遇到的大部分問題都能靠努力解決，那人生就太簡單了。

你不得不承認，在感情上「尋找問題癥結」和「正確地努力」遠比工作、學習複雜多了。因為不是每個人都會對你誠實，我們會遇到很多干擾資訊，阻礙我們看清問題的本質。

蔓青接到未婚夫跨洋分手電話的時候，正和閨密興致勃勃地挑著婚紗。

彼時，離她的婚禮還有不到四個月的時間，身邊的至親好友也

大多知道了她要結婚的事，現在準新郎說了一堆爛理由以後要分手，不能跟她結婚了。

什麼，他說什麼？性格不合？不打算回國了？父母不同意還是什麼？

掛了電話的蔓青，臉色慘白，用力晃了晃腦袋，卻沒能回想起任何一個完整的句子，腦子轟隆隆的，像幾十輛坦克剛浩浩蕩蕩、無情無義地軋過去，塵土飛揚，一片狼藉。

閨密就在她身邊，但她憋了一個下午，隻字未提，還找了個低血糖的藉口，堵住閨密想要關心和探究的嘴。

晚上回到酒店後，她卸了妝，洗了澡，又重新化了個大濃妝，穿上她白天試完二十七套婚紗後才挑中的一件白色抹胸婚紗，站在寬大的落地鏡前發呆。

不知是粉底液實在是太白了，還是她下午的慘白臉色還在延續著，燈光下的蔓青像個精緻的洋娃娃，臉上有種毫無生氣的美豔。

她沒有任何情緒地說了句：「簡仁跟我分手了，今天下午。」

閨密罵了一句「他是傻瓜嗎」，然後衝過去抱著她，安慰她。

隔天蔓青請假飛到溫哥華。

她跟簡仁大學交往了三年，畢業後又談了一年半的異國戀。雖然有時候也會吵架，但每次吵完了都會和好。她無法接受這突如

其來的變故，她不甘心，簡仁一定有事瞞著她，或許他有什麼苦衷呢？

當一段太過投入的感情面臨結束時，女人最擅長的事情之一就是自欺欺人。

一開始簡仁連她的電話都不敢接，意識到實在躲不過了，他才肯出來見蔓青。可無論蔓青怎麼挽回，他都絲毫不動搖，為了讓他回心轉意，蔓青幾乎把自尊都踩在腳底下了，最後還是無用。

心灰意冷的她遍體鱗傷地回家。

她整夜整夜地失眠，頭髮都被抓掉了很多，控制不住地鑽牛角尖，只要醒著，就拚命地想為什麼。是他變心了嗎？見過了外面的世界，覺得她不夠好了嗎？但始終沒有答案。她覺得自己很糟糕，很失敗。後來，蔓青用了將近一年的時間調整狀態，想讓自己優秀一點，再優秀一點，卻還沒能完全從簡仁突然悔婚的陰影中走出來。

再後來，簡仁寄了一封長長的郵件給她。

大意是他已經結婚了，真的對不起她，對方家境比較好，不論是留在溫哥華還是回國，都能幫到他。他爸的生意出了問題，家裡欠了很多錢，生活費完全斷了，有段時間連吃飯都成問題。說這些不是為了尋求原諒，實在是因為過不了自己那關……

蔓青一直都知道簡仁那麼突然又堅決地分手有隱情，只是沒想

到故事比她想的要庸俗、狗血。她從頭到尾都天真地以為問題出在感情上，卻沒想到利益權衡才是決定性的因素。

在有些人的世界裡，感情就是感情，婚姻是愛的結合，但在另一些人的世界裡，感情和婚姻具備著重要的資源交換價值，需要權衡利弊。每個人的境遇不同，你無法武斷地評價對錯，只是，方向不同的人，是沒辦法一起走到最後的。

分手除了兩個人分開以外，還有另一層含義——對方想要對他而言更好的選擇。

這種時候，你做任何挽回的努力都沒有意義。

在能透過努力改變故事結局的地方，我們義無反顧地拚盡全力，在即使拚命努力也注定是徒勞無功的地方，我們放過自己就好。

人生的路很長，不必太為難自己，下一個轉角會有新的希望。

——和自己的約定——

越是經濟不自由的人，
越要保證物欲上的輕盈。

不要讓你的物欲超過
你賺錢的能力

　　我和大多數獨自在大城市打拚的人一樣，還沒買房，目前也買不起大城市的房。換句話說，我在這沒有固定的住處，所以，每次因工作變動或房租上漲導致的搬家都是令我最頭疼的事情。

　　家裡囤積的東西太多了，衣服、鞋子、包包、書，還沒拆封的化妝品、自行配置的小家電，和一些當初不知道為什麼要買、以為很有用其實沒派上什麼用場、買來以後基本上沒用過的東西。

　　以至於每次打包到最後，我都會一臉頹然地坐在地板上，心情比鉛球還沉重。

　　每每望著一屋子的狼藉，堆滿桌子的化妝品，掛滿衣架的包包，我總覺得自己像一隻被女巫詛咒困在古老城堡裡的大笨龍，看似屁股底下坐著幾輩子也用不完的金銀珠寶，很富有，但那些東西說到底只是帶不走的負擔罷了，遠沒有能隨時飛出去玩來得爽快。

我經常恨不得把所有的東西都打包送人或扔掉，只留下錢包、身分證件、手機、電腦和幾件當季正在穿的衣服，好輕鬆地拎著包包就能入住新租的房子。

　　我承認，最開始，物欲上的滿足和物質上的占有是快樂的，可當你本身處在一種「不安定」的生活狀態下、經常搬家時，物品的囤積，尤其是體積、重量都大的物品的囤積無疑是一種巨大的負擔。

　　如果可以，我想把我的生活物品裝進兩個行李箱裡，說走就走，沒任何負擔。

02

　　幾乎每個女生家裡都有一個堆滿了化妝品的梳妝檯，我也不例外。

　　我租的房子沒有梳妝檯，我就從網路上買了一張書桌當作梳妝檯用，眼見它從空無一物到被堆滿的化妝品壓彎了腰，變成了肉眼可見的小盆地。但我真的需要那麼多東西嗎？

　　就拿口紅來說，理論上，一支口紅能用半年左右，使用頻率低的話甚至能用到一年以上。

　　我的口紅架上有二十多支口紅，包括各大品牌，受網路行銷和

當季潮流的影響，每季還會買新的色號。每次化完底妝站在它們面前挑選色號的時候，都不免恍惚幾秒，哪怕我有十張嘴，每天用也塗不完這些口紅，無法保證每一支都物盡其用，壽終正寢。

一個包，不管是小羊皮、牛皮還是帆布包，國際大牌還是國內小眾品牌，它們都不是紙糊的，使用得當的話，五個包包就能覆蓋人生的絕大多數場合（通勤、約會、旅行、自習、購物），就能用一輩子了，但我在處理掉一部分的情況下，還有十多個包。

鞋子就更不用說了，就算有三十雙鞋，每季經常穿的也絕對不超過五雙。

洶湧澎湃的購買欲到底從何而來？

為什麼明明用不了那麼多東西，卻一直在瘋狂地買買買？是出於比較心態嗎？

問了身邊幾個女生朋友，她們的處境也跟我差不多，大家似乎都被消費主義和網路行銷洗腦了。

上半年有年節、母親節和六一八，下半年有雙十一、雙十二和耶誕節，期間還夾雜著各種品牌日、店慶、周年慶等，購物平臺和商家處心積慮地把許多日子都變成「刺激消費的購物節」，社群媒體和網路到處宣揚消費主義：天啊，這支口紅太美了，塗上它你就是瑪麗蓮夢露，那支塗上簡直就是奧黛麗赫本本人，你一定要買它

買它。不論什麼季節，都有人向你推薦流行穿搭、時尚配飾，你還沒掌握當季穿搭的要領，商場和網拍都已經上架下一季的潮流穿搭了⋯⋯

潮流快到你腳底抹油也根本追不上。

精明的品牌方、商家和網紅們，尤其擅長販賣「顏值焦慮」、「身材焦慮」，把你的戀愛運氣、社交圈層、職場發展和人生軌跡都分別貼上標籤，給出通用的解決方案──花錢購物，買買買。

當你覺得自己糟糕，被某種焦慮、恐懼情緒支配時，錢就進了商家的腰包，這條準則，全球通用。

在紀錄片《無節制消費的元兇》（The Men Who Made Us Spend）裡，心理學家克勞岱・拉貝爾指出，人類的原始欲望決定了有意識的選擇，如果能破解潛意識的密碼，就能找到把東西賣給客戶的最有效方法。

他曾擔任家樂氏、通用等公司的顧問，在長達三十年的時間裡戰績斐然，擅長操控人心，將人類心理上的恐懼轉化成兇猛的消費力。

拉貝爾博士舉了個經典的例子。戰後悍馬（Hummer）在美國的銷量很好，這主要是因為它傳遞出「別惹我」的資訊。他認為人們對危險和恐懼的認知，是購買汽車的絕對動機，二十一世紀初

SUV 占據了美國汽車銷量的 20% 也恰好佐證了他的觀點。

在經濟騰飛、產能過剩和商家追求利益的時代背景下，廣告圈裡逐漸形成了以引發消費者焦慮為目標的行銷體系，且屢試不爽。很多國內外廣告案例用的都是相似的配方：先給消費者製造一種焦慮，講述一些他們不瞭解但很可怕的事情，然後再介紹一種神奇的解決方法。

消費者上鉤，商家成功賣出東西。

「打折促銷、限時搶購」像鬧鐘一樣催著消費者下單支付。高明的行銷手段讓很多人錯把消費當品味，以為背名牌包穿大牌衣服就是品味好的象徵，頻繁出入高檔消費場所就能讓人高看幾眼。

這實在是大錯特錯。

03

如果不想掉進商家的圈套，不喜歡掉入陷阱的感覺，就應該著眼於自身實際需求，理性消費。可偏偏消費又能夠刺激多巴胺分泌，讓人產生愉快的情緒，很難抑制。

就拿我的朋友安妮來說吧，她是公關公司客戶經理，都市時髦精英的典型。

你永遠能在她身上找到最新的潮流元素。Giorgio Armani #400 還沒大幅請網紅做行銷的時候她就已經塗著它約會了；某女星背

Chloe 小豬包沒多久，她就背著同款出現在某個朋友的生日派對上了；別人還不知道 Jo Malone 藍風鈴是什麼的時候，她已經用膩了擱在化妝臺上讓它積灰塵了；別人還沒搞清楚玻尿酸和菸鹼醯胺的區別呢，她都升級到「果酸換膚」模式了。

粗粗算來，她這兩年光花在買化妝品、保養品、包包、配飾和微整形上的錢已有將近五十萬塊。

她一年的薪資和年終獎金加一起有一百萬左右，可工作好幾年了，銀行帳戶裡的存款卻不到六位數，每個月收到薪水後的第一件事就是還信用卡分期。

本來嘛，女生經濟獨立，自己賺錢自己花，無可厚非。

她一直這麼心安理得地過著高級白領的小資生活，直到她爸爸意外摔傷住院，她連十萬塊的住院費都拿不出來，只能四處找朋友借，這才意識到問題的嚴重性。

工作這幾年，她一個人在大城市，表面無比光鮮，咖啡美酒、派對旅行，除卻瘋狂熬夜加班的日子，餘下的時間裡，從一個局浪到另一個局，花錢大手大腳，毫不顧忌，不瞭解的都以為她是白富美，最不濟也出身小康家庭。

但其實，她老家在一個非常窮困的偏僻小城，出身普通家庭，父母早年退休以後就沒有穩定的收入，靠打零工過生活。大學時代

最潦倒的時期，她吃泡麵配榨菜，日盼夜盼獎學金，靠家教補貼生活費。要是她以前花錢注意一點，別說十萬塊醫藥費了，普通城市裡一間房子的頭期款都存夠了。

那次以後，她痛定思痛，決心改頭換面重新做人。

她忍了好幾個月沒買一件新衣服，沒進行任何奢侈品消費，也不怎麼趕流行了，減少聚餐，戒吃外送，一有空就自己做飯吃，把信用卡欠的錢一次還清了，又下載了記帳的 App，記錄每一筆錢的進出，每月開始強制儲蓄薪水的 30%。

上一次見她聊天，她強調了好幾遍：「我以後再也不亂花錢了。從今天開始，我要當個錢嫂，以賺錢為動力，把存錢當興趣，不然抗風險能力太差了。再也不想硬著頭皮跟人借錢了。」

04

安妮已經從盲目消費的陷阱裡走出來了，但很多人還沒有。

那些天天對你鼓吹「要消費、我要的現在就要、不顧現實只管今朝有酒今朝醉」的人都是在害你。美妝部落客和商家才不會為你打算，他們所鼓吹的新產品、新技術、新潮流，99% 都是出於賺錢的立場，你可千萬別當真。

聽我一句勸，別讓錢包被鼓吹消費的商家們掏空了，手有餘錢很重要，因為你永遠不知道什麼時候要用到錢。人到了一定年紀以

後，安全感大部分來自銀行帳戶裡的存款位數。越是經濟不自由的人，越要保證物欲上的輕盈，保持隨時能爽快離開，在哪裡都能瀟灑地重新開始生活的資本。

我從來都不反對「必要消費」；我也不提倡「極端極簡主義」，一口氣把能扔的東西都扔了，結果下次要用了還是得重新買，耗時又耗錢；也不提倡為了每月省點錢就勒緊褲腰帶，飯也不好好吃，把日子過得苦哈哈，賺錢不就是為了花嗎？人活著除了實現自我價值以外，不就圖個開心嗎？

我真正反對的是「欲望與經濟水準不符合的超前消費和被行銷洗腦、出於比較心理瘋狂生長的購買欲」。一個成年人，得知道自己有幾斤幾兩，應當選擇最適合自己的生活方式和消費方式。

至於那些有錢人，他們錢多，房子大，買再多的東西家裡都有地方堆，愛怎麼消費是他們的事情，他們負擔得起，旁人沒什麼立場指手畫腳。人生沒有標準答案，大家各有各的活法。

梭羅在《湖濱散記》裡說：「我願意深深地扎入生活，吮盡生活的骨髓，過得紮實、簡單，把一切不屬於生活的內容剔除得乾淨俐落，把生活逼到絕處，用最基本的形式，簡單，簡單，再簡單。」

而我想說，我熱愛生活，但不願被生活和物質綁架，渴望飛翔，有輕盈的翅膀和適度的物欲，希望能對每一件常用的物品和它的歷

史如數家珍，比起盲目購買、囤積，更想盡情發揮每一件物品的使用價值，珍惜附著在每一件物品上的情感連結，心有所想，心無掛礙，能隨時出發和停留。

——和自己的約定——

做自己喜歡的事情，並且從中賺到錢。

沒有爲自己的熱愛瘋狂過，就好像從未眞正生活過

Eric 名校畢業，主修設計，畢業之後順其自然地進了 4A 廣告公司，35 歲之前的人生也算精彩，服務過的多是國際國內的一線品牌，一路從設計助理做到高級藝術總監，收入從月入五位數上升到年薪兩百萬還不含年末的獎金，房子也買了。每年有十一天的特休，到處旅行，玩過很多地方。

Eric 的日子過得十分瀟灑。這是他的生活在兄弟心中的版本。

他在家裡裝了個酒櫃，幾乎每天都喝酒，週末喜歡去酒吧玩，夜夜燈紅酒綠，不是因為別的，只因為他不快樂，他活得一點都不快樂。

但這種話被一個大男人說出去，就太做作太像個笑話了。

最近他辭職了。裸辭。

老闆找他談了幾次話，都沒能勸住他。

別人是35歲因「職場天花板」慘遭裁員，到了他這裡，卻是「自殺式結束職業生涯」。這聽起來確實不像是一個35歲有車貸房貸要還、看起來成熟穩重的男人會幹出來的事情。

我很好奇，跑過去問他為什麼。

他說，不為什麼，他就是厭倦了，不想像個機器人一樣地上班下班加班，熬夜製圖管手下了，他累了。他根本就不喜歡製圖，他一畢業就進了廣告公司，因為除了製圖他什麼也不會。

再在聚會上見到 Eric 的時候，他把市中心的房子租出去了，又在郊區租了房子和幾塊地，開始了日出而作，日落而息的種菜生活。

我瞬間以為他要回歸鄉野了。他說不是，他只想停下來喘口氣，想想以後人生的路怎麼走，他好像從沒真正生活過，沒為了自己的熱愛瘋狂過。

Eric 那天沒說出口的是，他的體檢報告不太好，事業上的順遂是以犧牲健康為代價的。

還有鬼哥也很神奇。

他先前是國內某知名航空公司的機長，待遇很高，薪資不菲。

2020 年初，新冠肺炎疫情大爆發，對全球經濟造成巨大衝擊，

很多行業損失慘重，尤其是航空公司，全球超過三分之二的客機停飛，鬼哥所在的航空公司也不例外。

以前飛的時候，鬼哥的生活極規律，家裡和機場兩點一線，再不然就蹲健身房跑步、重訓，航空公司對飛行員的體能要求極高，必須持續健身。

停飛以後，他閒了下來，每天不知道要幹嘛。一來在家裡待久了很悶，二來兩個孩子讀私立學校，每年的學費和課外補習班的費用也是筆不小的開支。他老婆結婚完沒多久就全職帶小孩，已經很多年沒收入了。沒辦法，他只能出去看看新機會，做代駕、到朋友的物流公司幫忙、做健身教練，等等。

等到下半年疫情形勢好轉，各行各業的秩序也漸漸恢復，他能回到公司正常排班飛行了。雖然排班比較少，時數不多，但比起其他行業，飛行員仍是令人豔羨的職業。可他竟然沒回去，還泡在健身房當教練。他們公司的人都覺得他瘋了，放著好好的機長不當，跑去當健身教練。

我也覺得離奇，畢竟他不是沒得選。後來有次聊天，他跟我說，他從小的夢想是當賽車手，可賽車手風險太高了。當不了賽車手也行，他就去當飛行員，去從事另一種高風險職業。

我說，那這跟健身教練沒什麼關係啊？

他說，飛行員在外人看來體面光鮮，但享受過一陣子在天上飛

的快樂時光後，覺得天上地上也沒什麼差別，每天飛也很無聊，很枯燥。

當健身教練可以每天運動出汗，帶著學員一起提升體能練身材，是為數不多讓他能快樂的事情。

他想再做一段時間，有些事情早晚要面對，有些問題他想弄明白。

按我們圈子裡流傳的版本，比 Eric 和鬼哥「瘋」得更早的是小吳哥。

他從小就不喜歡讀書，看到書就頭痛，一路跌跌撞撞讀完大學，畢業以後也不想去上班，不想給別人打工。他靠著家裡給的錢開了個小餐廳，餐廳做的是熟客生意，沒賺什麼大錢，但日子倒也過得去。

兩年前，他把餐廳頂讓了，留給自己四十萬當生活費，其餘的都給老婆當家用了。

他一個人跑去知名的影視基地當跑龍套的臨時演員，你敢相信嗎？一天四百元，真的就是只能演演路人、死屍、小兵，完全是現實版的《喜劇之王》。

那個平時不聲不響只是有點愛抽菸的小吳哥，平平淡淡地活到

了 33 歲，開啟了他的「逐夢演藝圈」生涯。本來他家人覺得他從小做事就沒什麼耐性，當臨演每天灰頭土臉的，賺不到錢又很苦，肯定撐不了幾個月就回來了。

結果，兩年過去了，人家還在演戲呢，還不打算放棄。

唯一的好消息是他現在偶爾也能接到一千元以上的臨演工作了，但這對他家人來說可能是個更壞的消息。他老婆沒辦法，也不知道他要瘋多久，正在考慮去影視基地附近開個麵店，夫唱婦隨。

02

我真的是 30 歲以後才對「男人至死是少年」這句話有了深刻認識。但轉念一想，這跟性別根本沒關係。除了他們以外，我身邊也有女生當了十年公務員，眼看著要升上去了，卻突然不幹了，跑去做短影音了；有單身到 39 歲的姐姐，頂著整個家族的催婚壓力，辭職出國留學的。

他們每個人的經歷聽起來都有點叛逆不可靠，但我知道，那不是叛逆，那是他們給自己的「人生補償」。

因為最開始的路，都不是他們想選的想要的，所以走到一半不想再走下去了也很正常，哪怕那走到一半的路上有別人搆不到的幸福，可到了當事人身上就只是枷鎖，就好像「甲之蜜糖，乙之砒霜」。

最近連續發生了幾件事，讓我頗有感慨。我們太缺乏「人生啟蒙」和「職業教育」這方面的優質課程了，加之大部人都背負了太多的包袱——父母期待、社會標籤、階層劃分、道德綁架等等，很多人都陷在自己並不喜歡的角色和人生泥沼裡。

有人在人生的上半場，每當遇到重大抉擇的時候都不知道要怎麼選，一團亂麻，毫無頭緒。

有人活了半輩子，看似在跌宕起伏中上升，卻總在夜深人靜獨處時，生出「這並不是我想要的生活」的惆悵，瘋狂地想逃離身邊的一切。

03

很久以前看過一個研究，世界上最幸福的一種活法就是做自己喜歡的事情，並且從中賺到錢，但不是每個人都很幸運，不是每個人都能很快找到他們真正想走的路。

小時候我們經常被問到長大了以後要當什麼。提出這個問題的人，期待的答案往往跟職業相關。

問題是，長大後當我們進入一個更大的世界，當我們自己掌舵開船、步入大人的生活軌跡的時候，我們才發現「工作」只占據生活的一部分，我們還有很多其他想追求的東西，其他真正能激發我

們創造力、熱情和能量的東西，比如追逐夢想、搞發明創造、保持健康、環球旅行、跟愛的人在一起、做公益，等等。當這些「其他追求」跟「當下生活」發生劇烈衝突，不斷堆積的負面情緒像超聲波一樣干擾你的心緒，攪得你不得安寧，而你又沒發現新的人生地圖的時候，必然會發生糾結，生活必然會被彈出平平淡淡、一帆風順的軌道。

你會像被世界拋棄了一樣，進入一個荒涼的「隧道視角」。

好在，是隧道就一定會有出口。

好在，雖然有些比賽終點很確定，有些遊戲想贏就只有一種方式，但人生這場比賽是「無限遊戲」，無限迴圈，無限連接，你過完了這一關，永遠不知道下一關是什麼。

別說你沒錢，就算你富可敵國，也沒地方讓你作弊買攻略買外掛，從而不用面對任何糾結和抉擇，在這點上大家都是平等的。

好在，史丹佛大學研究出來了一套「人生設計課」，能夠幫助遇到糾結的你、總想逃離生活逃離當下的你，重新審視自己的人生，重新設計自己的人生。

不管你今天是 18 歲，還是 38 歲、58 歲，只要跳出慣性思維，勇於試錯，就還有重啟閃耀人生的可能。

你可以像設計師一樣思考，把「人生這段旅途」當作你的產品來設計（一款對你而言非常重要的產品，跟你的生命融合在一起）；用「健康×工作×娛樂×愛」這個圖表，分析診斷你當下的生活，得到一個相對客觀的評估（去區分開心和不開心的部分、滿意和不滿意的部分、自己內心想要的和被外部世界強塞的部分）；再回到本質問題，回歸到價值觀本身，反思你的工作觀、人生觀，創建新的人生指南，用這個新的人生指南指引你，去尋找到新的方向、新的路；然後打開思路，透過心智圖暢想你人生的多種可能，進而設計原型，快速試錯，直到你找到自己想要的。

這段是我自己概括的，可能比較粗淺，僅供大家參考。

「人生設計的思路是——每個人都有許許多多可能適合自己的生活方式」，你的人生不必是工業品（過每個人都在過的生活，沒什麼不同），它可以是藝術品。不妨從某個選擇開始先試試看，像我那些看似迷茫、瘋狂的朋友一樣。

我自己很想分享的一點就是，在工作這塊，我也是個在父母眼中很不按規矩來的人。

我大學念的雖然不是很好的國立大學，可當年也是考了我們學校文組第一，英語精通的人，不去當老師也不去做翻譯，一畢業就跑到廣告公司做企劃，他們不理解，覺得我大學四年白讀了。

在廣告公司好不容易從一個小蝦米做到創意副總監，收入待遇都不錯，又想不開跳槽去做網際網路，做專案做運營做品牌，又要從頭開始。有份工作平平順順的，每個月有穩定收入多好，我又要去做自媒體，成為自由職業者，重新做當作家的美夢，收入非常不穩定。

這些都是我爸媽不太認同的。

可我還是堅持了。因為我想了很久，不管是開始在乙方做企劃還是後來在甲方做品牌，不管是自媒體寫文章還是當作家寫小說，不管我換過幾份工作，在我這裡，有個東西從來沒變過，那就是，我是個喜歡影響別人、熱愛表達的人，我又發自內心地希望自己寫出引人共鳴、深刻雋永的故事，希望這個世界能因為我而有那麼一點點不同，希望我的文字可以治癒人心。

我走的路不算順遂，但我走的每一步，都在離內心深處的渴望更近一點。

所以，我經常跟朋友開玩笑，雖然這幾年在大都市沒混出什麼名堂，也沒賺到什麼大錢，但我挺開心的，真的，天大地大開心最大。

大部分時間裡的我，自由又快樂，因為我在做自己喜歡的事情。

在我的人生藍圖裡，自由快樂、愛與尊重，都是永恆的命題。

我願意為了它們吃點生活的苦，也因為它們，我得到過很多生活的糖。

對了，我寫完這篇文章的時候，Eric 還在種菜，好像還入手了新的裝備，下一步要幹嘛還沒想清楚，他想先把身體養好了再說；小吳哥還在拍戲，嫂子真的跑過去開麵館了；鬼哥回去開飛機了，並且買了輛重機，不飛的時候跟一幫賽車手混在一起。

你看，就算跌倒了，大不了再爬起來，就算偏離了一會兒航道，還是能轉換方向的。

重要的是，我們給自己一點英雄主義，給自己一點選擇新人生的權利。

當你在思考未來的時候，未來已經發生了改變。

──和自己的約定──

那些你想要做成的事情，你做成了的事情，
你處理問題的方式，你對待他人的方式，
才真正定義了你是誰。

比貧窮更可怕的，是完全接受了「窮人」這個標籤

<u>01</u>

耶誕節前，我收到了柚離從德國弗萊堡寄過來的明信片。

明信片的正面是當地風景照，晚霞鋪滿了弗萊堡，天空像塗上了裸粉色和大地色的眼影，溫柔又綺麗，城堡一樣的小房子，高低錯落，白牆紅磚，古樸跟現代融合。

她在背面寫道：「有時掉進黑洞，有時爬上彩虹，命運的齒輪一直轉動，我還在往前走。I miss you.」

存放這張明信片的時候，我又在收納盒裡看到很多以前的明信片，翻出來光是柚離寄給我的就有十幾張，就像她說的，走到哪兒就寄到哪兒。

「小小上班族你好，奮鬥不是完美的計畫，而是當下灑下的熱血，與君共勉。」柚離 @ 紹興，2012.6.28。

「昨天回 N 大了，逛了農貿和雙橋，想起了我們在 9 號樓的故事。日子濃或淡，都很好，願你一直如我認識的那樣明媚。」 柚離 @ 寧波，2013.6.26。

「君不見，外州客，一回來，一回老。短短幾日，喜歡上這座城。」 柚離 @ 西安，2014.9.30。

「佑你平安喜樂，在路上的時候，高山症又生病，很辛苦很想你們，但似乎，那種時候的想念更為深刻。」 柚離 @ 西藏，2015.7.24。

「狂歡節，我在餐廳給你寫卡片，一切安好，願你也是。」 柚離 @ 科隆，2017.11.11。

……

一瞬間，時間猛地倒帶，回憶翻湧。

記得上大學時，有一年陪她過生日，不勝酒力的她猛喝了很多酒。

在 KTV 唱歌、搖骰子、嬉戲打鬧混雜的背景音裡，她小聲地碎念：「柚離呀柚離，柚離的柚，離別的離。爸爸死了以後，我替自己改了名字，這個名字是我給自己取的，我可能注定要當一個顛沛流離的小柚離，對人情淡漠的小柚離。可儘管如此，我還是想奔向自己渴望的遠方，想飛到很遠很遠的地方去。」

在我心裡，柚離一直是那個很勇敢、很有魄力的女孩子。

不管是在經濟極端困窘的情況下排除萬難地完成學業，四年裡修完了雙學位，拿到優秀畢業生的證書；還是畢業後，一個人單槍匹馬地跑西安、西藏、新疆、雲南、柬埔寨旅行，奔向一個又一個未知的遠方；還是後來當了幾年公務員後又毅然放棄安穩生活、放棄編制，重考德福，完成去德國留學的夢想。

她想追逐夢想的時候，從來不會等到萬事俱備才開始。

02

柚離很小的時候，爸爸就去世了，她記得媽媽拉著她的手去戶政事務所申請除戶，哭得手抖，哭到昏厥，哭到一個女生慌張地跑過來安慰。她關於爸爸的記憶很模糊，可越是模糊越是想念。

爸爸走了後，家裡的經濟更困難了。媽媽只讀完了小學，只能打點零工，艱難維持母女二人的基本生活。有段時間繳學費都困難，家裡親戚能借錢的，基本都借了一遍。

開始大家也都秉承著一家人能幫一點算一點的原則，日子久了，親戚的臉色也不好看起來，逢年過節打照面時，話裡夾槍帶棒的，她懂那些話背後的意思。

這些她都能理解，人活著，本就是八仙過海各顯神通，誰都要先看顧好自己。

她不怨天尤人，學業上也從沒懈怠過，經濟上再困難，她都沒動過輟學的念頭，從沒說過大不了讀完高中就輟學去打工這種傻話，始終保持著年級前三的紀錄。

她一定要靠讀書出頭，以後賺很多錢，讓媽媽過更好的生活。媽媽辛勞大半生，至少晚年要享福。

她最討厭「寒門難出貴子」的草率論斷了，她告訴自己，一定要做出點什麼來。

她深信有些鳥是關不住的，牠們屬於天空，注定要翱翔。

憑藉著優異的成績，加上班導師很幫忙，找到了一個資助她讀書的好心人，柚離順利地從中學讀到了大學。大一下學期，資助人公司的資金運作出了點問題，沒辦法再資助她了。

收到簡訊通知的柚離，正在圖書館裡上自習查資料，準備選修課的學期論文。

她把思緒從一堆研究資料裡抽離出來，發了會兒呆，看了看窗外夜色初上的斑駁樹影，看了看身邊坐著的同學，有人專注地奮筆疾書，有人認真地玩著手機，有人呼呼大睡。她知道，這不會是故事的終點，江湖路遠，風波難免，她的未來還很長很長。

她忘了從幾歲開始就懂得，過度的情緒消耗毫無意義，難過了半小時後，就整理好了心情。

她趕緊用手機查助學貸款的辦理流程，但助學貸款就算申請下來，也只夠學費和住宿費。她又趕緊在紙上寫寫畫畫做預算，盤算當家教存下來的錢跟第一學年的獎學金加在一起夠不夠她下個學期的生活費。如果這些還不夠，她上課的筆記一向做得極好極細緻，稍加整理就能在網路上賣，這樣又多出一筆錢來。

　　班上玩了「國王與天使」的遊戲。Ella 是她的國王，她是 Ella 的天使，她要給國王準備一份特別的聖誕驚喜，只能從 12 月的飯錢裡面扣出來了。

　　再不然，耶誕節提前批發點蘋果，買點好看的卡片紙，設計好包裝再拿出去賣？

　　其實，清寒生是可以申請學費減免的，但她不想，她不想讓自己和別人有任何差異。

　　對於柚離來說，過去十幾年，貧窮導致的尷尬和麻煩不斷，如扎進十指的尖刺，經常隱隱作痛，卻難與人言。

　　大學裡追她的人不少，可她從沒鬆口和誰戀愛，因為她害怕被感情牽絆住。她從進德語系的第一天開始，就做好了將來要出國留學的打算，就算談了戀愛，以後也很容易分手，就不耽誤彼此的青春了。

　　柚離的文采和口才都不差，但驕傲不讓她說這些。

她故事裡的那些細節，是她出國前北上來考德福，我們吃完飯在街上閒逛時憶往昔聊出來的。

驕傲的人不怕吃苦，他們更怕被別人看見他們在吃苦，等命運把他們擺渡到了絕對安全的區域，他們才有可能將曾經的滿腹心事與人言之一二。

越是經濟困難，她越要內心富饒。她一直假裝自己是個被愛包圍的小孩，每年的生日和耶誕節，她會假裝爸爸的語氣，想像著他會用的筆跡，用男人的語氣寫明信片給自己。

在跟貧窮和麻煩鬥智鬥勇的過程中，她還發明了很多專屬自己的小幽默，分別用「北半球穿襪子大賽第一名」、「德意志烤箱魔術師」、「老乾媽死忠粉」、「暫未成功人士」、「做個俗人，貪財好色」等當過社群帳號上的個性簽名檔。

聰明漂亮家境好，順風順水光芒璀璨的人生誰不想要？

不論學業、工作、婚姻，都有人早早地幫你鋪好了路，建好了橋，雕樑畫棟，萬事俱備。

但又有幾個人生來萬事俱備呢？

大部分人空手而來，孑然一身往前衝，赤手空拳打天下。

他人的眼睛是我們的監獄，他人的思想是我們的牢籠，但一個

人最大的牢籠是自己造的思想監獄。

定義你是誰的並非是身分證號碼、戶籍所在地和銀行帳戶餘額這些表面的東西；那些你想要做成的事情，你做成了的事情，你處理問題的方式，你對待他人的方式，才真正定義了你是誰。

比貧窮更可怕的是，完全接受了「窮人」這個人生劇本。

好在，柚離沒讓匱乏感阻礙自己往前走。她用自我的豐盈和對未來的暢想，打破了匱乏感的桎梏。

如果她只相信萬事俱備才開始的人生劇本，沒錢就不配讀書，每次都先湊滿所有學費再去學校，她可能連高中都沒信心讀完。

如果她只相信萬事俱備才開始的人生劇本，沒錢就不配旅行，不配擁有美好，她就不可能在還著助學貸款和家裡親戚欠款的情況下，自由行去看她想看的世界。

如果她只相信萬事俱備才開始的人生劇本，被窮人沒有審美不配搞藝術的迷惑言語洗腦，就不會在大二的時候果斷加入攝影協會，用打工存了很久的錢，買了人生的第一台單眼相機，就不會成為後來我們學校攝影協會的某屆會長，更不可能在畢業前夕在學校的學生活動中心辦攝影展。

如果她只相信萬事俱備才開始的人生劇本，沒錢就不配有留學

的念頭，她就不會利用在偏遠地區當公務員，每天忙到四腳朝天那幾年的空餘時間，挑燈夜讀，備戰德福，提前預習德國的商科教材，更不會順利地留學去看更廣袤的風景。

她要的不是低配人生，她要的是成為 1%，她自己就是東風。

03

有句有名的英文諺語，「Fake it till you make it」。

這句話流行的中文翻譯有兩種，一種是「偽裝一切，直到你成功」。

在很長一段時間裡，這句諺語是矽谷人心中秘而不宣的成功秘訣。矽谷的企業創始人們在見投資人之前，一定會提前編好一個華麗的故事，聽起來能自圓其說的故事，通過這種方式做企業公關，尋求投資，廣納人才，吸引商業合作夥伴。他們還會在見完一個又一個投資人之後，描枝畫葉，豐滿故事，反覆描繪故事，直到在現實中追趕上當初定下的目標、誇下的海口，實現它。

賈伯斯和馬斯克都是踐行此語的正面典範。他們兩人，一個讓蘋果手機成為世界範圍內流行的智慧性手機，每年的發布會萬眾矚目；一個讓電動汽車成了無法逆轉的趨勢，更讓登陸火星成了全球富豪們追逐的新潮流。

商場上，十個項目九個黃，項目那麼多，憑什麼把錢投給你？商場雲譎波詭，瞬息萬變，輝煌的未來藍圖那麼多，憑什麼就得跟著你幹？

在商業世界裡，「Fake it till you make it」在一定程度上是必要的，它能有效地為企業做公關，網羅八方資源。但「偽裝」跟「欺騙」有著微妙的差異，並非每個創業者都有著很強的道德約束力和時時拂拭價值觀的主觀能動性，能夠把握好這種微妙的尺度差異。

因信奉這一秘訣而翻車的例子也不少。

矽谷創投圈裡曾經的神話企業家——伊莉莎白‧霍姆斯就是一個典型。她是史丹佛大學的輟學生，曾創辦了血液檢測公司Theranos，憑藉「抽一滴血就能做複雜血液分析」的商業構想，成功募到了四十五億美元投資，一躍成為 2015 年的全美第一年輕富婆。但後來，她的謊言被媒體戳破，公司核心業務涉嫌欺詐，九十億市值一夜蒸發，伊莉莎白本人更面臨著十一項欺詐和共謀欺詐的指控。

所以，我更喜歡「Fake it till you make it」的另一種翻譯，「一直假裝，直到你真正做到」。

這句話不是讓你去偽裝自己、欺騙他人，而是教你如何做好自己的心理建設，告訴自己「我可以」，說服自我、鼓勵自我、挑戰自我，去完成現行條件下似乎很難完成的事情。假裝以後去行動，持

續行動，改變自我，提升自我，才是要義。如果假裝完什麼也不去做，那一切都還是如夢幻泡影，什麼事都做不好。

　　讀大學的時候，為了存錢去旅行，我也打過很多工。

　　我記得 2010 年前後，發一天傳單大概是三百元；在商場裡當促銷員，從早上十點到晚上九點，一天四百元；做英語家教，兩小時五百元。當然，我印象最深的兼職工作是當臨時導遊。

　　有一次，我臨時接到了一個帶團的工作，一趟八百元，那時候算高薪了，包含來回路上活躍氣氛、景區內講解帶路，以及下個月新路線的推薦。

　　我以為公司會有新人培訓，會安排導遊事先踩點，做好準備工作，然而旅行社為了節省成本，根本就沒給我踩點的機會。我說不知道路線怎麼帶呢？對方說，你自己上網查查資料，在宿舍多練習。

　　帶團的前一晚，我在網路上搜尋了很多相關的景點資料、傳說故事，從別人的遊記裡面找出景點的路線圖，看網友的空拍影片找方向感。整理完零碎的資料以後，我寫了一個帶團的腳本，想像自己是個經驗豐富又風趣幽默的導遊。

　　於是，第二天上車沒多久，我這個兼職導遊就開始入戲了，點名、核對名單、帶著大家玩互動遊戲。到了景點，每次大家休息的

時候，我都會快速地奔向下一個景點，大致盤查路線以及速記景區裡指引牌上的景點資料，就這樣非常順利地完成了當導遊的初體驗。

那次是學生團，結束的時候，大家還很開心地跟我合照，有個男生還追問我當導遊多久了，怎麼知道那麼多奇奇怪怪的故事，我笑了笑，心想，感謝搜尋引擎和我這個還算記性好的小腦瓜。

在我過往的人生經歷裡，「假裝自己很厲害」的「fake 哲學」真的很有用。

眾所周知，廣告公司裡真的很喜歡中英夾雜。外面的人會誤解，覺得廣告公司的人都喜歡裝。其實不是的，國內的現代廣告業是建立在西方的經濟理論基礎上的，文化有壁壘，翻譯有局限，很多英文術語不如不翻譯，因此廣告公司裡喜歡講英文就不奇怪了。

畢業後，我跨領域進了廣告公司，剛開始陪客戶總監去開會的那段日子裡，做會議記錄的同時，每天都能記滿一整頁聽不懂的專業術語和聽得似懂非懂的中英文夾雜詞。

職場上不懂一定要問，但社會跟學校不同，上司跟老師也不同，沒人有義務教你，你不能一直問問題，得自己去解決問題，不然其他同事真的會懷疑你的智商跟專業水準。

所以，我就自己查資料，下載了很多個版本的《英文廣告術語

大全》，把廣告學的書單找出來看。

同期進公司的另外幾個新人很羨慕我，覺得我好像幾乎沒有過渡期，工作很快就上手了。

他們把這都歸功於我的英文能力測驗證書，歸結於我的詞彙量，但其實不是的，英文能力測驗只是個大概參考值，在各個專業領域裡，我不認識的單字一抓一大把。

等後來我當了總監助理，幫總監一起建立企業文化和培訓系統的時候，整理出了很多適合新人的學習資料，他們才知道，原來我的看起來很厲害，是因為背後偷偷用了功。

「好風憑藉力，送我上青雲。」

等風來，有風來固然好，可如果風一直不來怎麼辦呢？

所以我才不要什麼等風來，我只相信，「Fake it till you make it」，想去做什麼就要去做，想要什麼東西就去追，與其守株待兔問天借東風，不如對酒當歌自己造東風。

未來很長，人生很短。你要做那個敢踮起腳尖抓住自己想要的東西的人。

這僅有一次的人生，我不想說抱歉

——和自己的約定——

獨立並不意味著

要把自己活成一座孤島。

那個人沒你漂亮，
但桃花運比你旺

最容易暴露一個人小秘密的，除了烈酒和大嘴巴，就只有「真心話大冒險」了。

佳琦離開前，租了一棟別墅開了一場告別派對。酒意微醺群情高漲之餘，大家開始玩「升級版真心話大冒險」，對輸家來說，在座其餘人都是「國王」，都可以對輸家提一個真心話或大冒險的任務要求。

佳琦開局就連輸了三次，在場的人個個磨刀霍霍，準備深挖她的過往情史。

有人問佳琦的初吻是什麼時候、印象最深的一段感情是怎麼分手的。結果出師未捷話題先終結，當事人果斷來了句：「我還沒談過戀愛啊。」

佳琦一九九四年生的，還沒談過戀愛？大家都不信。東東開玩

笑說，他夜觀星象掐指一算，憑佳琦的生辰八字和那張臉，她的桃花運應該很旺，交過的男朋友不會比貓力少。本來不在乎有沒有男朋友、談過幾次戀愛的佳琦，被這麼一說，心裡突然冒出幾股莫名的比較心理和曖昧的敵意，橫在她和貓力之間。

女生之間的友誼就是這麼微妙，哪怕關係再好，也難免不去比較。對啊，憑什麼貓力的桃花運比我旺？我比她好看啊？佳琦控制不住地想。

02

如果不是我認識佳琦比這幫人都早，佳琦說她沒談過戀愛我肯定不信。

據我所知，她在大學時代封閉又老實，畢業後一心搞事業，可謂自毀桃花和備胎。她是那種「所有人都以為她交了十幾個男朋友、跟無數人搞曖昧，但其實孤獨得像隻狗的人」。

無他，漂亮爾。漂亮的女生桃花旺，不是理所當然的嗎？

但大部分人只看到佳琦好看，卻不知道她在陌生人面前基本上都是冷冰冰的，能用三個字搞定的對話絕對不超過五個字，即便對她有過好感、想追她的人，也都迅速敗下陣來了。畢竟這個時代很多事情都講究一個「快」字，沒多少人能耐著性子喜歡一個人了。

桃花運似乎是一門玄學，跟一個人的長相並不成正比關係。

與佳琦相反，同一個局上的貓力，男朋友沒斷過，也不缺想挖牆腳的其他追求者。

　　經常，朋友圈裡的「八卦天團」還沒能成功地讓她帶現任參加聚會，好「嚴刑拷問」，發揚光大八卦事業時，她就已經帶了新的男朋友現身，以至於大家經常對不上名字和人。

　　根據朋友圈內美女排名，單論顏值，佳琦絕對在貓力之上。但若論「桃花指數」，貓力必然一騎絕塵。

　　我自己做過小範圍調查，發現在同一個社交圈內，桃花運最旺的女生，往往不是一群人當中顏值最高、最漂亮的那個，多數時候是那個顏值中等及以上、在小圈子裡人氣更高的人。

　　據我圈子裡的「社交達人榜單」來看，像貓力一樣桃花運很旺不愁沒男朋友的女生，大多有如下特質：

一、願意主動去社交，不那麼宅。

　　從表面上看，每個人在戀愛、結婚時的選擇對象有千千萬萬，但其實，我們每個人都像是生活在特定魚缸裡的金魚，只能對身邊的人產生好感，只有機會跟我們所在的那個魚缸裡的人相遇、相愛。在這一點上，國王、富豪和普通人的機率是均等的。

　　只不過，國王和富豪們的魚缸更大、更富麗堂皇罷了。

桃花旺的前提是，你更願意出去社交，願意走出固定的社交圈，去接觸新的社交圈，主觀意志上有提升遇見喜歡的人和被喜歡、被追求的機率的意願。

在這點上，佳琦和貓力剛好形成了兩種極端。佳琦平常只愛一個人待著，休息日要讓她出個門、參加個朋友聚會什麼的，你得親自去她家抓她出門。

貓力不同，她本身就是樂於嘗試的射手座，有好玩的局時，她通常都會參加，就算沒有好玩的局，她也會自己去找點有意思的事情做，如攀岩、玩滑板、密室逃脫、廢墟探索之類的。

她過往的幾個戀愛對象也都是在一些奇奇怪怪的局上認識的。

二、愛笑，有明媚的笑容，不拒人於千里之外。

微笑是人類生理上最統一、最基本的表情，是一種溫柔又有感染力的力量。愛笑的女生，不僅運氣不會差，桃花運也不會差到哪裡去。

羅恩·古特曼在 TED 講臺上以《微笑背後隱藏的力量》為主題演講時，透露過兩個重要資訊：

微笑是一種強烈的刺激。微笑能啟動大腦的獎勵機制。

英國相關研究人員表示，一個微笑能帶給人相當於兩千塊巧克力或一萬六千英鎊產生的腦部刺激，一個微笑帶來的刺激。試想一

下，一萬六千英鎊在你面前晃時，你能心情不好，你的目光能不被它吸引嗎？

微笑能讓你在他人眼裡更好看。

所以，經常微笑的女孩子更容易讓人心動就一點都不奇怪了。

如果總是板著一張臉的話，桃花都被「凍」走了，哪裡還會有後續的故事。

三、普遍會穿搭，更偏愛沉靜柔和的低飽和度顏色，人群中很惹眼。

人是視覺動物，沉靜柔和的低飽和度顏色符合人類的視覺審美，有利於提升整體氣質。

「莫蘭迪色系」在穿搭方面的運用，算是典型案例，可溫柔高雅，亦可沉靜內斂。

喬治·莫蘭迪是義大利著名的版畫家、油畫家，孤寂一生，終生未娶，用了一輩子的時間研究瓶瓶罐罐和捕捉周圍生活的美，據說他光是油畫就畫了一千兩百六十四張。

他的畫作裡有一種安靜、直透人心的力量，從不使用豔麗的顏色，即使是綠色、紅色、黃色這類理應明亮的顏色，也都是灰灰的、暗暗的，就連他畫裡的黑色、棕色都有一種奇妙的柔和，這種獨特的高級灰色調，被稱為「莫蘭迪色系」。

我曾經也是黑白灰三個冷淡顏色的重度愛好者，一年四季的衣服都主打這三個顏色，簡單又好搭，怎麼樣都不會出錯。但也不知是黑白灰三個顏色自帶的「冷感」使然，還是衣著的顏色潛移默化地影響了個人心理，重度愛好黑白灰三色那幾年，我習慣了把自己「藏」起來，湮沒在城市洶湧的人流裡，藏在灰暗的顏色裡，躲在黑暗的角落裡，社交的欲望基本為零。

　　後來我慢慢開始嘗試一些相較黑灰來說更明亮的顏色，像是霧霾藍、淺紫色、檸檬黃、薄荷綠等，在人群中的輪廓和線條隨之亮堂起來，心情也變好很多。

　　當然，除了顏色的協調性之外，衣服和配飾、鞋襪的整體風格協調也很重要。

四、注重身材管理，具有性吸引力。

　　性感不是放蕩，而是一種蠱惑人心的美。性吸引力不是簡單的高矮胖瘦可以定義和形容的，也絕對不是穿得少、露得多，有性吸引力的女性一定是由內而外散發出一種自信、自如的魅力，也能坦然地面對身體的美和缺陷。

五、懂得聰明地示弱，溫柔是最厲害的武器之一。

　　女生固然應當生活獨立、精神獨立，但獨立並不意味著要把自

己活成一座孤島。如果真的遇到了心儀的、有好感的男生，給對方一個接近自己的機會也未嘗不可。

秋水映弦月，幾分蕭瑟。海棠開幾朵，各含春色。

其實不必糾結誰比誰的桃花旺，管好一方水土，自己的桃花朵朵開就行啦。

——和自己的約定——

你把別人捧在手心裡當稀世珍寶，
別人也不應該用把你當「愛情裝飾品」的態度敷衍你。

成年人的喜歡和拒絕
都是心照不宣的

01

據我觀察，長期單身的人大致分為三類：第一類，當下的重心在學業、事業、創業或別的事情上，談戀愛耽誤他們拔劍的速度，暫不考慮；第二類，年少時遇見過太驚豔的人，心裡裝著不可能的人，耿耿於懷，他們還沒辦法去進入一段新的感情裡；第三類，過把嘴癮就好，嘴上想戀愛想脫單，但從來不努力，工作之外不社交，週末基本上不出門，壓根沒給愛神丘比特射中他們的機會。

戀愛這件事的排序在以上三類人心裡都比較靠後，所以不在本文討論範疇之內。我更想探討的是，為什麼那些談戀愛優先順序高，也願意出去社交的人，卻沒辦法談成戀愛呢？

近年來，單身江湖裡湧現出兩大聲勢浩大的門派，一派以找男朋友為核心目標，另一派以找女朋友為核心目標。這兩大門派對

「愛情」這一神祕議題，充滿幻想和期待，卻又各找各的，互不干擾。

越來越多的年輕人，不小心就流浪到愛情江湖裡的孤島上，單身成謎。

越來越多的年輕人，陷入一種「不方便與人言的感情裡」，陷入介於「曖昧」和「男女朋友」之間的，說不清道不明的感情裡，稀裡糊塗地開始，稀裡糊塗地結束或被結束。

「你說我們這算什麼」成了兩性關係裡的普遍困擾。

針對愛情婚姻的普遍困境，社會學家沈奕斐認為，今天的愛情和婚姻之所以這麼難，是因為我們「雙標」和「既要又要」。她指出，當下的愛情模式存在「新舊腳本的混雜」──人們希望獲得愛情的自主性，但又對舊式愛情的不費吹灰之力和穩定性戀戀不捨。

戀愛難，連開始都難，但最大的難點在於「以自我為中心」的觀念占據上風。

每個人都想要獨一無二的感情，都想要成為誰的偏愛，都想要對方更多的投入，但自己卻只把戀愛對象（含潛在戀愛對象）當成愛情裝飾品，當成一個呼之則來揮之則去的可炫耀物品。

自己對感情的參與度都不高，又憑什麼期待全心投入的戀愛，期待好的兩性關係體驗呢？

02

分手以後，朋友介紹過兩個男生給我，一個叫他 Y 先生，另一個叫他 H 先生吧。

跟 Y 先生在通訊軟體上斷斷續續地聊了半個月以後，我們決定見面了。

第一次見面，我們約在了一家咖啡廳。那天時間很匆忙，我手裡有稿子要交，他下午又趕著去見投資人談事情，我們就吃了點簡餐，喝了杯咖啡。

他對作家這個身分標籤和作家的生活狀態很感興趣，一直問我寫作相關的問題，還追問我在嘈雜如菜市場的咖啡廳裡，真的能靜下心來寫東西嗎？

我說看狀態，狀態好的時候完全不受影響，狀態不好的時候可能在咖啡廳待一下午也寫不出幾個字來，所以我通常都會隨身攜帶耳機。說罷，我把他來之前剛寫完的四千多字給他看了幾眼。

他講的投資方面的內容，很多在我的知識盲區，我聽不太懂，不過好像挺有意思的。我對自己不懂的東西，都很好奇。

就這樣，第一次見面還算愉快。

第二次見面，我們約在了一個商場，很平常地吃吃飯，逛逛街，聊聊生活瑣事。沒有特別的共鳴，也沒什麼價值觀分歧。亮點在我們分別的時候。

他說了句：「我們兩個真在一起的話，見一面有點遠啊。」

我回了句：「好像是哦。」

我們住的地方確實有點距離，不過那次見面的商場在我們的中間位置，各自搭地鐵加上步行，都要一個小時多一點，所以其實在這場約會裡，我們付出的時間成本是差不多的。

但一段感情還沒確立就開始計算，計算到這種程度就沒意思了。

那時我就知道，我們不會見第三面了。

後來，我偶然跟閨密聊到這個事情，她說 Y 說的嫌遠可能是委婉的結束信號，反正你們互相也沒看上對方，不浪費彼此時間挺好的。

這點，我倒很贊同。

比起 Y 先生，H 先生更有意思。

我們只見過一次面，有點尷尬的一頓飯，完全沒有共同語言。好像只有聊到工作的時候，我們才能勉強聊幾句。

在我明確表示我們應該不會有發展以後，氣氛稍微自然了一點。他跟我說，其實他對相親都有陰影了，他被家人介紹過無數個女生，但他每次都失敗。

於是我出於作家的敏銳和探究欲，開始聽他跟各種女人相親的

故事，距離最近的一段是和一個空姐相親。

然後他就開始跟我說，他跟這個空姐見了幾次面，花了多少錢。

我比較驚訝的部分在於，他對於開支記得那麼清楚。

首先，我確實反對拜金女。男的如果覺得相親對象或者交往對象是拜金女的話，完全應該早點拒絕早點脫身的，跟相親對象吃飯AA制也完全沒問題。但問題在於，在這個消費水準太高的大城市，一頓飯一千兩百元，平均一人六百元只是很常見的水準。人家空姐想當拜金女也不會是這種方式，她有更好的選擇。

那次以後我確信了，網路上某些男性愛情 KOL 說的話原來是真的，有一類男人在感情裡是十分算計的，他們對身邊路過的每個女人都有著嚴謹的成本評估。

他們不是在談感情，而是在做生意。先掂量掂量對方值多少，再決定自己給多少。

我覺得這種過度物化的感情很可怕，像奴隸制社會的人口買賣一樣。

經過上面兩件事情以後，像拆盲盒一樣被人介紹對象去相親，在我這兒基本上走到了歷史的盡頭。

我更加確定自己想要什麼樣的感情，我更加確定自己想要什麼

樣的另一半。

　　我還是更喜歡自然而然的遇見，自然而然的相處，自然而然的感情。按我這個寧缺毋濫的脾氣，我是絕對沒辦法當別人的愛情裝飾品的，不管結局如何，我都只接受全心投入的戀愛。

03

　　曾經有人在我的某篇文章下面留言：「你不要那麼挑，人家喜歡你，本身條件也不太差，你只要一般般喜歡人家，就可以答應人家了。」

　　那陣子，我在感情的暴風雨期，在新舊愛情腳本的掙扎期，我也有過懷疑，是不是我真的太挑了？是不是我這樣的女孩子都太挑了，所以找不到男朋友？

　　但我後來發現，不是的。

**　　不是因爲我們挑，所以被剩下來了，只是我們沒遇到自己想要的。**

　　答案就這麼簡單。

　　由儉入奢易，由奢入儉難。並非我喜歡將現任跟前任做比較，並非我刻意在追逐小說裡描述的矢志不渝的愛情、擇一城終老與一

人白首的愛情，只是我見過自己被認真喜歡、認真對待的樣子，見過自己滿心滿眼都是另外一個人的樣子，只是我被好的戀愛關係治癒過，就沒辦法再接受敷衍的感情和「差不多先生」了。

我還擁有愛一個人的能力，還願為愛付出，還敢為愛飛蛾撲火，憑什麼要將就呢？

就算人生只是一場戲，我也想找一個旗鼓相當的人演對手戲，才不浪費我的戀愛天分。

有太多自我至上的人，想跳過愛情的過程，想跳過那些試探、瞭解與曖昧，想跳過那些互相的理解、陪伴與支持，想跳過那些心動、思念、糾纏、痛苦，直接擁有結果，直接擁有風花雪月、良辰美景和為他死心塌地的另一半。

然後，在俗世裡，他們戴上愛情這個吊飾，招搖過市，耀武揚威。

那麼我想反問一句，你憑什麼呢？

不要以為在愛情上不肯將就的只有女人，男人神經大條不如女人敏感細膩，但他們對愛情也是有要求的。愛情一定要交互，一定要有來有往、禮尚往來才有意思。

無論男女，單方面地消耗別人，到最後都很無趣。

安妮是朋友圈的單身貴族，年輕漂亮，擁有好看的馬甲線，跟朋友一起經營一家舞蹈工作室。每次出現在社交場合，她身上都掛滿男人移不開的目光。

她工作之外的生活，跟社群平台上的精緻網紅差不多，逛逛街，喝喝下午茶，拍拍照，修修圖。

心情好了，就叫個人出來約會，或者幫她跑跑腿，拎拎包。

追她的男人很多，每星期約會不斷，她很享受這種過程，享受這種像古代皇帝翻牌子一樣的樂趣，她甚至舉辦過一場火藥味極濃的生日派對。

她租了一棟別墅——鬧中取靜的老洋房，除了邀請幾個當網紅的好朋友，和我們這些偶然認識、半生不熟的新朋友之外，還把那陣子對她有意思、展開猛烈攻勢的男人們都邀請了。

那天的下午到晚上，真的是非常精彩。

太多的眼波流轉、目光廝殺和拆禮物環節，以及男人們之間的暗暗較勁。

我簡直像看了一場情節跌宕起伏的舞臺劇。

生日會過後，安妮身邊圍繞的男人變少了，獻殷勤的也變少了。

據說那些男人們三三兩兩還私下見過，有的一起打過球，有的一起喝過酒，後來達成了一致——世上森林無數，安妮只不過是釣著他們玩的，所以他們也沒必要再浪費時間了。

從那以後，安妮覺得日子好像少了點什麼。她很煩惱，跑過來跟我吐露心聲，她說，其實她很想談戀愛的，認真談戀愛談到結婚，就是一直沒遇到真正心動的人。這些男人怎麼連一點考驗都承受不住呢？

我心想，大家都是一座山上的狐狸，都出來混了這麼多年了，裝什麼天真呢？

不過，她想繼續演，我也就不揭穿，陪她演「一片冰心在玉壺」的純情戲碼，只是附和著。但是她把我當感情垃圾桶的次數多了之後，有次我實在忍不住了。

我很直接地說：「其實你如果說，你就是享受遊戲人間的感覺，我會更欣賞你一點。你明明還沒有想安定下來，又何必用渴望安定的漂亮話去包裝你在愛情上的貪婪呢？明明一個男人的討好根本滿足不了你。你就是喜歡當驕縱大小姐，就是喜歡看他們鞍前馬後討好你的樣子啊！」

她沉默了很長時間，還好隔著網路，不然氣氛一定非常尷尬。

後來很長一段時間，她都不找我聊天了，應該是被我氣壞了。

再後來的某天，她忽然傳了一則訊息給我：「其實你不也是？明明內心戲多得要死，交朋友要求很高，但表面上跟誰都處得來，私下裡一點小事讓你覺得對方人品有問題，你就把人放進心裡的黑名單裡了。你不也很做作？」

我回她：「這個我承認，我可以檢討，我也很做作，我這個人交朋友確實又包容又挑剔。」

末了，她又回了我一句：「不過我喜歡你講真話的樣子。你要是經常像上次那樣講話，應該很酷。」

我說：「那肯定啊，酷到沒朋友。」

說完，我們各自哈哈哈。

這事就算過去了。

事情很容易過去，但道理不會輕易改變。

你把別人捧在手心裡當稀世珍寶，別人應該也不好意思用把你當愛情裝飾品的態度敷衍你。

我見過接完這單就不接單的計程車司機，他說女朋友快下班了，他得買好宵夜去接她；我見過從寬大外套裡掏出帽子和毛絨手套，遞給喜歡的女生的外送員；我見過因為男朋友胃不好又不愛吃

飯，黏黏糊糊打了四十分鐘電話，就為了叮嚀他好好吃飯的女生，甚至要男朋友在吃飯的時候跟她視訊，防止他作弊；我見過逛商場的時候，全程緊緊手牽手，在狹窄扶梯上也要手牽手的老人家。

我們之所以渴望愛情，是因為有人得以牽掛、有人得以陪伴、有人得以照顧、有人可以隨時隨地分享生活的時光，真的很美好。

我們貪戀那些治癒人間的小美好，所以我們更加不該忘記，真心要用真心去換。

自己在感情上吝嗇得不肯付出，只會做戀愛的假動作，就別抱怨沒有對象、沒有戀愛談了。

對不起，沒人要當你的愛情裝飾品，我只想當誰的第一名。

——和自己的約定——

一個人走漆黑的夜路，
心裡更要裝著光和亮。

人生而孤獨，
你我生活得並不悲壯

現在是 2 月 13 日 19 點 05 分，當我吃完家裡最後一碗泡麵仍覺得餓的時候，我知道我該出門去採購點乾糧了。

很喜歡新買的那雙黑色細高跟鞋，以至於我站在鞋架前凝視了它很久。

大約四十五秒後，我的右手越過它，拿了另外一雙平跟的黑色短靴，只因為意識到待會兒要一個人拎著很多東西爬樓梯。

過年期間，超市的打折活動很多。原味吐司麵包買一送一，保存期限到本月 16 日；大罐鮮奶買一送一，保存期限到本月 19 日；而我最喜歡用來代餐的優酪乳也是買一送一，保存期限到本月 21 日。可我粗略地估算了一下，我一個人一週的早餐根本吃不了這麼多，於是照例每樣拿了一件放進購物車裡。

原來，除了麥當勞的第二杯半價，世界上還有一種孤獨，叫作你明知道有些東西買一送一很划算，卻還是只能買一樣，只因為你一個人消受不起。

02

　　買完東西從超市走出來，外面下起了濛濛細雨，而我沒帶傘。

　　看了一眼手腕上的表，20 點 33 分，離 2 月 14 日情人節還差 3 小時 27 分。

　　兩個紅綠燈的距離，好像沒有必要搭計程車，況且下雨天也不好招車。於是，我淋著雨，拎著一袋沉甸甸的東西慢慢地往回走，冬日裡的清冷不識相地撲面而來。等冷風鑽進衣領裡，我才想起來，氣象局今天發布過寒流預警，說是 48 小時內降溫可達 9 到 11 度。

　　前幾天天氣晴好，陽光普照，為什麼臨近工作日卻氣溫驟降，又是風又是雨的？

　　想起讀書時美文賞析「環境描寫在本文中的作用」一題的標準答案：惡劣的環境能夠渲染悲涼的氣氛，與主角憂傷的心理相呼應，揭露了淒慘的社會環境，暗示了人物的悲慘命運……

　　對哦，如果不是這樣，電影、電視劇裡也不會只要主角遇到點淒慘遭遇，鏡頭裡面就會下起大雨了。

就這樣一個人走著。冷清嗎？有點。孤獨嗎？也有點。

但是，沒有人知道，我已經喜歡上了下雨天，尤其是這樣安靜的下雨天。

雨聲讓我安靜，孤獨讓我清醒。心裡面慢慢升騰起氤氳的霧氣，把所有深深埋藏的惆悵掩蓋，最終一層又一層纏繞，在心臟內壁上形成保護膜。這個時候的我會變回那個獨立自主、堅強勇敢、沒心沒肺的女孩。

03

去年 7 月的一個晚上，我還在趕我的第一本書稿，手機提示音響了一聲，遠在南半球讀書的朋友傳了一張照片給我。照片上，阿光穿著藍色破洞牛仔褲、白色球鞋，站在雨中，衣服和鞋子都濕透了。

阿光問：「Summer，你孤獨嗎？你孤獨的時候都怎麼辦？」

我本能地拿起手機準備給回他訊息，思緒卻僵住了，一不小心碰倒了放在桌上的馬克杯，咖啡灑到了鍵盤上，之前翻開寫了幾行字的日記本也未能倖免。

沒法直接給出答案的我，只好先轉移話題：「墨爾本又下雨了？你怎麼不撐傘呢？」

他說：「沒事，就是想淋雨了，忽然想體驗你曾說過的下雨天

『潮濕的思念』是什麼感覺。」

他說，他開始懷疑，為什麼要一個人跑到南半球來，鬼都知道，他並不愛讀書，這裡也沒有他牽掛的人，彷彿當時出來的決定只是一念之差。

他說，墨爾本的天氣永遠詭譎多變，經常一天能跨越春夏秋冬，在冷熱交替中穿梭，從來不會隨著季節更換衣服的他，開始懷念老媽的嘮叨。

他說，不管去哪個國家讀書，留學圈子都比想像中的窄，老外的派對上大部分都是他們同膚色的人，那些留美、留歐的同學境遇也不比自己好。

他說，Summer，你孤獨嗎？他忽然感到很孤獨！

04

我孤獨嗎？如果我說不，那我一定在撒謊。

社群平台上裡有人分享了兩段《六人行》裡的影片，一段是感恩節那天喬伊想嚇唬錢德勒，結果把頭卡在了火雞裡；另一段是莫妮卡為了哄錢德勒開心，頭頂火雞跳起舞來，結果剛從外面回來的喬伊被嚇了一跳。

一點開影片，我就笑了，可沒多久，笑容就凝結在了臉上。大學時代，和我宅在宿舍裡一起看《六人行》的人，現在一個在哈爾

濱，一個在長春，一個在北京，一個遠在德國，我們就這樣散落天涯。

原來，有一種孤獨，叫作你突然想起了一個搞笑的梗，轉過身卻沒有人可以一起分享。我開始懷念那些只要一個轉身、一個眼神就可以領會一切的美好時刻。

最好的朋友 S 和 Y 一起去旅行了，在社群平台上連發合照，配的文字是我不知道的故事情節，連底下留言的頻繁互動都是我看不懂的加密文字。

你看，明明照片上的每一個人我都認識，但是我並不瞭解她們到過哪些地方，遇見了哪些人，又發生了哪些新奇的故事。

原來，有一種孤獨，叫作熟悉的人變得陌生，分開以後，你的生活我再也參與不了，你後來的世界裡有太多的「我不知道」。

那天校友聚會，大家天南地北地聊，從國家政治、經濟的熱點話題聊到明星八卦，最後話題落到感情上。當他們知道我還是一個人之後，全場幾乎都聯合起來洗腦我：我們都是過來人了，你不要對愛情有太多不切實際的奢望，婚姻和愛情是不一樣的……

我坐在那裡靜默，聽他們每一個人滔滔不絕地指點我的人

生……我知道他們都是為了我好，可是那個瞬間我真的很孤獨。我只是希望能跟自己喜歡的人在一起，只是希望將來我的婚姻是基於愛情，難道這樣錯了嗎？

一心想要麵包的人，你不能逼著她有情飲水飽啊；同樣，一心想要愛情的人，你也不能逼著她每天啃麵包啊。更何況，這個世界上的大多數人都是貪心的。如果可以，愛情和麵包我們都想要，實在不能兼而有之的時候，我們才會想著取捨。

原來，有一種孤獨，叫作全世界的人都在催你戀愛、結婚，卻很少有人真正關心你在想些什麼，你到底想要些什麼。

這樣孤獨的瞬間，還有很多。

05

我好像真的很孤獨，可這就是人生啊，每一個人都是孤獨的靈魂。尤其是，當你下定決心去做某件事情，或者心裡裝著沒有人能理解的期許時，那種孤獨感更加強烈。

小天今年開始備戰研究所考試。他屬於天生愛玩、愛鬧的外向型人格，班級、社團、學院裡的朋友一大堆。他們整日廝混，無心

念書。他這次下定決心考研究所後，索性在學校附近租了一間房，閉關學習。

這段時間，每當眼睛疲勞、思維麻木的時候，他就盯著窗外發呆，看天空裡飄過的雲、看花園裡的樹、數著樓下路過的行人和偶爾停留在窗臺上的麻雀成了他最大的消遣。他有時自嘲地想，這四四方方的一間房，還有這窗外的防盜網，都是刻意加給自己的牢籠。

可是，人總要學會長大，每個時期都有不同的孤獨，習慣了就好。

他說，長大以後的他才開始懂得「少年不識愁滋味……為賦新詞強說愁。而今識盡愁滋味……卻道天涼好個秋」這幾句詞的真正含義。

Allen 是個典型的 IT 男，單身，在大城市工作。

工作之外的大部分時間，他喜歡一個人宅在家裡：有時打一天的遊戲；有時看一天的動漫；有時甚至練習用左手跟右手下棋……不想跟人打交道的時候，他會很自然地拿出手機，一個人跟語音助理對話半天，以此為樂。

對了，他給自己的左手和右手分別取了名字，一個叫阿左，一個叫小佑。它們一個孤僻，一個開朗；一個冰冷，一個熾熱……就

這樣，他經常能自己跟自己玩。

阿 Lin 在一家公關公司上班，一個人上班、下班、吃飯、逛街、看電影⋯⋯

出門前，她習慣了在大包裡裝一本書或雜誌，這樣，她去餐廳吃飯、泡咖啡或者上洗手間的時候，就把書或雜誌放在桌子上，這樣別人就知道這個位子還有人在。

生病了，也一個人拖著虛弱的身體去醫院，掛號、等待、打點滴⋯⋯然後再一個人搭車回家。

對了，她有兩個社群帳號，心情不好或者感到孤獨的時候，會把兩個帳號都登錄，用一個帳號跟另一個帳號聊天。一個會說：心情不好，不想說話。而另一個則立刻發過去幾個抱抱的表情，說：沒關係，有我陪你。

每天出門前，她會輕聲說一句：我去上班了。從外面回來了，也會溫柔地說一聲：我回來啦。

可能她是在跟自己養的小烏龜說話，也可能只是自言自語而已。

06

你看，其實每個人的生活都是孤獨的。就連這天上的星星也一樣，看起來都擠在一起，可是每一顆都至少隔了十萬八千里。

這個世界上，沒有任何一種語言叫作「你肚子裡的蛔蟲」；這個世界上，沒有任何一種感受真的能感同身受；這個世界上，也沒有任何一種陪伴能做到從始到終。

在這個瞬息萬變、光怪陸離的人世間行走的每一個人都是孤獨的，出生和死亡的道路都是孤獨的，一個人來，一個人走。而我們在人生旅途中遇到的人和邂逅的風景，也都只能在某個特殊的階段裡陪伴我們，每一個人的悲歡離合書寫的都是差不多的故事。

大概是因為人類天生喜歡戲劇化，說到底每個人的痛苦都是自己給自己的，孤獨感也一樣。我們天生喜歡表演、喜歡渲染、喜歡跌宕起伏的劇情，從古希臘的戲劇到中國古代的戲曲，從莎士比亞到王爾德，從王爾德到蕭伯納，我們喜歡戲劇化的天性並沒有改變過。

我們特別喜歡悲劇英雄，很容易用「悲劇式的口吻」來描述簡單的日常生活，彷彿這樣就能把原先那個「自我」的人格剝離出來，輕而易舉地擁有另一個截然不同的人性。

看悲劇並不能使我們難過，真正讓我們難過的是「移情」，是

把自己的情感和生活代入劇情中。

你看，我就是故意的，這篇文章從開始到現在一直在刻意渲染，好像很孤獨、很悲傷的樣子，但其實我筆下描寫的不過是再尋常不過的生活。可是，人生而孤獨，你我生活得並不悲壯，沒有必要這樣過度渲染。

一個人走漆黑的夜路，心裡更要裝著光和亮。

不如，我們都勇敢一點，也對自己更坦誠一點，承認吧，我們並沒有那麼孤獨，大部分的孤獨都是我們自己臆想出來的，只因為我們喜歡置身戲劇化當中的感覺。

孤獨讓我們有更多的時間、精力和空間來認知自己；孤獨讓我們有更多的機會用來思考人生；孤獨讓我們有動力去觸碰新鮮的事物和角度。

孤獨簡直太棒啦！

我們不如在內心深處先認可孤獨，承認它是構成生命不可或缺的一部分，再慢慢習慣孤獨，並享受孤獨，怎麼樣？

這僅有一次的人生，我不想說抱歉

———和自己的約定———

人生，需要一點不被理解的坦然和不去解釋的瀟灑。

好好愛自己，
就是在告訴別人如何愛你

你一定有過這樣的時刻，當別人指著你的痛處哈哈大笑時，你在一旁若無其事地跟著笑。你很害怕別人說你開不起玩笑，於是你笑彎了腰，笑得連眼淚都出來了。

生活中的你，經常用遷就別人來傷害自己。甚至等到下一次的時候，你會主動掀開衣服，用手戳著傷口，戲謔道：「你看，現在一點都不疼了。」

然後，留下那個無聊的人一臉愕然地站在那裡。

你一定也有過這樣的時刻，搶著把自己的醜話說在前面，只因為你害怕醜話一旦被別人說出，你脆弱的心臟會負荷不了。那些所謂瀟灑的自我調侃，只不過是為了減少不必要的難堪。

每當此時，你多希望有個最要好的朋友陪在你身邊。

他一定知道什麼會讓你哭，什麼會讓你笑；他一定知道戳到哪

裡你會痛，什麼時候可以與你滔滔不絕、興高采烈地說笑，什麼時候該一言不發地陪在你的身邊；他一定知道什麼樣的玩笑可以開，什麼樣的尺度你接受不了；他也一定知道你什麼時候想做縮頭烏龜，什麼時候願意敞開心扉……他一定看得見你明媚如春光的笑顏，也一定能注意到你在洶湧人潮裡忽然陰暗下來的面容。

很多事，你不說，他也不會多問。而你一旦開口，他像是早就猜透了你全部心事，事先準備好了安慰和鼓勵的話語。

你真正想要陪在身邊的是這樣的朋友，這個人不會武斷，不會指手畫腳，不會自作聰明，不會亂出主意，他比你還要清楚，你在脆弱無助時需要的從來不是一個確切的「答案」，而是感同身受的理解與支持。

02

你一定有過這樣的經歷，明明很認真、很努力地做一件事情，到最後還是以失敗而告終。

你煩躁不安、失落、沮喪、怨恨，甚至絕望。

你想破了腦袋，也找不到一個自己能接受的合理的解釋或答案。

可是，生活最諷刺的地方在於，某些你這一輩子費盡心力想要得到而沒得到的東西，有人不費吹灰之力就擁有了。他們在你面

前，吹噓炫耀，或是假裝不屑一顧……於是，你不得不承認，這個世界上，很多事情不是靠努力就可以實現的。

天時、地利、人和，缺一不可，而你能夠掌控的東西微乎其微。

於是，你學著坦然地面對這一切，將生活賦予你的那些好的、壞的，照單全收。等到做事情的時候，你盡最大的努力，做最壞的打算。在每一個開始前，不斷地提醒自己，得之我幸，不得我命。因為那麼驕傲、那麼要強的一個你，會看不起自暴自棄的人，哪怕這樣的念頭一閃而過，都不可以。

「寵辱不驚，看庭前花開花落；去留無意，望天上雲卷雲舒」、「心似白雲常自在，意如流水任東西」。古人感懷自勉的詩句，你反反覆覆地抄寫、吟誦，盡可能地把它們刻在大腦裡。你希望有一天，自己足夠強大，在任何情況下都能安之若素。

你已經夠勇敢，夠堅強。但我更加希望你能明白，這個世界上，有很多人看起來灑脫，可那些表像要麼是來不及做出改變，要麼是力不從心，最後只能夠留給世人一張滿不在乎的笑臉。這就好比那些年沒有考上的好學校，沒有追到的男（女）神，沒有留成的學，沒來得及送出的深情告別，最終都只能揮揮手，轉身離去。

我希望，你的身心像青藏高原上的雲朵一樣輕盈，像青海湖湖邊的風一樣自由，像卡拉馬卡瑞拉的海水一樣清澈。

我希望，你的心上有人事浮沉的痕跡，回憶盤旋卻不過度負重。

我希望，你生長在溫熱和希望裡，沐浴在愛的綿延裡。

我希望，你在人間煙火裡行走，面朝星辰大海，常遇心地善良和四季如春。

我希望，你的心裡住滿了陽光，不受陰暗和骯髒的騷擾。

03

你一定有過這樣的經歷，一句話明明心裡想到的是 A，說出來卻變成了 B，到了第二個人那裡被理解成了 C，再傳到第三個人的耳朵裡就變成了 D……你怪自己口是心非，更怪別人的腦補能力都太強。

每個人都有錯，每個人也都沒有錯。錯就錯在，我們每一個人都習慣了用自己的思考方式去「解讀」別人的話語；錯就錯在，很多事情往往是，說者無意，聽者有心。歧義和誤會，很容易在彈指一揮間產生。

英文諺語有云：「Put yourself into the others' shoes.」站在別人的立場思考問題。說起來簡單，做起來卻很難。

你和我都無法改變別人怎麼想，我們唯一能做的就是，盡可能清楚地表達自己的原意，不要太計較自己的話語在別人大腦裡的映射。

如果，你做每一件事情的緣由都要向別人解釋，那一定會活得很累。人生，需要一點不被理解的坦然和不去解釋的瀟灑。願意懂你的人，不一定每一次都能懂你，但他們一定會給你足夠的信任和空間，他們心裡的天秤終究會向著你。

你要珍惜的是這樣的人，你的解釋也只需要說給這些人聽。

04

你一定有過這樣的經歷，沒有喜歡上 A，卻愛上了 B，慶幸沒有被 C 傷到，一轉身就栽到 D 手裡。

手拿金弓的丘比特調皮又任性，表情永遠飄忽詭譎，金箭、鉛箭似乎只是任由心情的變化信手射來。

所以，你永遠不知道自己會花多長時間愛上一個人，永遠不知道自己要花多長時間忘記一個人，永遠不知道為什麼曾經愛得死去活來的兩個人會相看兩生厭，甚至恨不得從未相遇。

一路上跌跌撞撞，背負牽扯不清的感情債。那愛情本身呢？它像是一個無底洞，永遠填不滿，也掏不空。

你有過這樣的感覺嗎？兩個人談戀愛就好像是在玩蹺蹺板，一個人升到了高處，另一個必然要壓低姿態。他越是漫不經心、若即若離，你越是惶恐不安、小心翼翼。可是，這樣不平等的愛情會長久嗎？你什麼時候見過簽訂了不平等條約的雙方還能維持和諧關係的？

我一直以為，兩個人談戀愛最好的狀態，就是像下象棋時有旗鼓相當的對手。一旦雙方實力懸殊，勝負即刻見分曉，那就少了很多樂趣。在職場上，我們需要好的競爭對手，可幫助我們全面提升職業素養，在愛情的世界裡，我們更加需要有好的對手，明彼此成長。

兩個人在一起，就算不能心有靈犀，也至少要志趣相投吧？這樣的愛情才可能長久。衣服可以混搭，但戀愛卻不能兒戲。

05

你有沒有過這種感覺，你會莫名其妙地喜歡一個人，也會莫名其妙地討厭一個人。你喜歡的那一個，不管別人眼中的他有多麼不好，你依然會喜歡、維護他；至於你討厭的那一個，可能人品、長相、家世都不差，但你就是看人家不順眼。

怎麼辦呢？我只能說有種東西叫「眼緣」。喜歡的掩飾不了，討厭的也沒有辦法去敷衍。

對於你莫名就討厭的那種人，他們可能連呼吸都是錯的。

但我們應當始終銘記於心的是，就算對你討厭的人也要保持善念，因為他們並沒有傷害過你，因為他們可能是另外一些人的心頭之好。

不要因為莫名的討厭，就肆意放逐你的惡意，出來混，總是要還的。

06

在你遼闊的生命裡，一定有這樣的人，只要一想到他們，心裡就會滿溢了溫暖，嘴角會不自覺地上揚。你說不清楚他們哪裡好，只是深知誰都替代不了。

比如你的青梅竹馬，比如大學睡在你上鋪的兄弟，比如你曾經懵懂的初戀。

可能，他們是好玩伴、好朋友、好情人，你才至今念念不忘他們的好。又或者，對你人生意義非凡的那段時光，是他們陪伴在你左右。你緬懷他們，你更加緬懷自己曾經如太陽般耀眼的年少輕狂。這些回不去的往昔時光，讓他們變得無比特別。

如果這些人，經歷時光磋磨後，還留在你的身邊，請記得好好珍惜。如果這些人，已經和你分道揚鑣，那也沒有關係。人生就是

這樣，有遇見，也有分離，有些人可以陪你一陣子，有些人可以陪你一輩子，這是時光下的魔咒，誰也逃脫不了。

無論是哪種陪伴，我們都心懷感恩，享受當下，這就已經足夠。

07

我知道，你一定有傷心的時候，有難過的時候，有委屈的時候，有強顏歡笑的時候……

我知道，我都知道。

但我想讓你相信，我們每個人都是只有一隻翅膀的天使，我們孑然一身地來到這個世界，就是為了尋找那個給我們另一隻翅膀的人，就像至尊寶一生都在等那個給他三顆痣的人一樣，雖然起初他並不明白。

我們也一定會找到那個人，我們每個人最終都會得到自己的專屬幸福。

記得很久以前，有一個人在酒桌上笑言：「Summer，你這麼大了，還相信永遠、童話和夢想這種雞湯味濃烈的詞，不覺得很可笑嗎？」

我說：「相信啊，為什麼不相信呢？相信的話，會比較幸福。我相信，相信的人一定會幸福。」

要知道，你所生活的世界，其實是你內心的一種映射。

英國作家威廉・梅克比斯・薩克萊曾說過：「生活如鏡，你笑，它也笑；你哭，它也哭。」

你收獲一份深情不移的感情的前提是，你自己飽含深情。遇到那個人以前，好好地愛自己；遇到那個人以後，用力地愛對方。我想要看見你幸福，我會為你的幸福鼓掌，你臉上洋溢的幸福會讓我覺得很溫暖。

時光那麼長，一定會有人懂你的。

在那之前，我會陪在你的身邊，陪你一起碎碎念，陪你一起看花開花落、春去秋來，陪你一起對酒當歌、迎風起舞，陪你一起驕傲倔強、死不認輸。

——和自己的約定——

沒有誰的青春是完美的，

我們不可能得到所有想要的一切。

你現在擁有的時光，
就是最好的時光

01

凌晨 0:58，我收到了遠在德國的秦歌傳來的訊息，只有五個字：
老胡訂婚了……。

沒想到消息傳得這麼快，原以為能瞞一陣子的，我回了一句：
「你知道了，心裡難受？」

大學裡，秦歌和老胡是最令人羨慕的一對。兩個人在一起甜蜜
的樣子，可以一秒虐死單身狗。

雖然我是女生，雖然我也談過戀愛，但我不知道兩個人談戀
愛，除了一起過生日、耶誕節和情人節，還可以用 30 天紀念日、
100 天紀念日、200 天紀念日等名目慶祝；不知道還可以一起存戀
愛基金，用來購物、旅行，完成兩個人一個又一個的小夢想；不知
道就算是兩個人在同一所大學讀書，每個月還能傳八百多封簡訊，
打一百多通電話。

當時，我們幾個好朋友還打賭，如果我們當中有人「畢婚」（一畢業就結婚），那肯定是秦歌和老胡！

　　結果，沒等到他們的畢業結婚，卻等到了他們的「畢分」。老胡以優秀的大學履歷被保送研究所，秦歌則去了德國留學，兩個人和平分手。

　　她說：「原來你沒睡啊，我剛才還在想，你可能都睡著了，畢竟國內現在是半夜。你睏嗎？不睏的話就陪我聊一下……」

　　我說：「不睏，剛看完一部電影，很清醒！」

　　然後，我們開了視訊，開始聊天。

　　我說：「如果兩年前，你沒有去德國，現在訂婚的大概就是你和老胡了。」

　　她說：「其實，我沒有想過我們真的會分手。我心裡總是還抱有一絲幻想，反正我們都是在讀書，應該不會有太大的變數。以後回來了，還是可以繼續在一起的。」

　　「可是，老胡等不到你回來了。你，後悔當初的決定嗎？」

　　「後悔？我跟他之間，哪裡是『後悔』、『不後悔』幾個字能說清楚的？」

　　秦歌說：「我愛老胡，老胡也愛我。但我們又都不是那種只要愛情就可以的人，我們都是有太多想法和追求的人，老胡拋不下在

國內的前途，我也沒辦法為他放棄出國的夢想。唯一的解決辦法是時間，等時間安排我們重新在一起。可現在，時間不肯給我們機會，他也不願意再等下去，我們只能向前看。不過，現在他訂婚了，倒也是一件好事，至少我下次回國，不用再糾結要不要去見他了。」

我說：「所以，你這算是放下了？」

她停頓了一會兒，說：「嗯，放下了，可能青春就是坐上一輛不回頭的列車吧。」

就算你回了頭，答應等你的人，也未必還在原地；就算你為了一個選擇，而放棄另一個選擇，也總會有新的遺憾產生。

沒有誰的青春是完美的，我們不可能得到所有想要的一切。

02

看完《夏洛特煩惱》走出電影院，阿洛問我：「Summer，如果讓現在的你對十年前的你說一句話，你會說什麼？」

我脫口而出：「好好讀書，好好談戀愛。」

她又問：「那如果上天給你一次機會，讓你重走青春路，你會回去改變什麼呢？」

我想了很久，才說：「不會！我不會回到過去，也不會刻意去

改變什麼。」

　　她不解，追問我為什麼。

　　我說，因為就算上天讓我重新活一次，我也不能保證一定比現在活得更好。

　　也許，我會讀更好的大學；也許，我大學期間就能順利地出國做交換生；又也許，我會談一場轟轟烈烈、曠日持久的戀愛。可我總害怕，我會因此而失去一些別的東西，就像電影裡的夏洛一樣，當擁有時，毫不在意，甚至視之如草芥，可一旦失去了，卻扼腕歎息、追悔莫及……

　　我曾經幻想自己是個理科天才，精通數理化，可我又害怕自己失去對文字的敏銳度，失去那僅存的一點可引以為傲的文藝情懷。

　　我曾幻想自己是一個富二代，不用為了錢去工作，任性地做自己喜歡的事情。可我又害怕失去通過自己實實在在的努力而得到自己想要的那種充實和快樂。

　　我曾幻想自己是一個超級明星，名利雙收、萬眾矚目。可我又害怕失去平凡人的簡單幸福，不能跟喜歡的人去逛街、看電影，不能一起去泡書店、咖啡館，不能一個人去旅行……因為那個時候的我，已經不是我，而是媒體和大眾眼裡的「我」，我再也不能隨心所欲地過路人甲的生活，一舉一動都會曝光人前。我不會再有隱私，我的家人、我的朋友、我的戀愛、我的婚姻，都只會變成媒體

的熱點話題和別人茶餘飯後的談資。

所以，我並不想成為任何人，也不想通過「開外掛」的方式去得到一些東西。

我只是我，一個普通的人，我只想過好一個普通人的一生。

別忘了，人永遠是貪心的。而矛盾，總是對立統一的。

當我們是 A 時，我們會有 A 的煩惱；當我們是 B 時，我們會有 B 的煩惱。當我們在 A 的位置上時，我們總是耿耿於懷，不能擁有 B，可是當我們真的擁有了 B 以後，我們又想拿回原先的 A，或者追求新的 C。

當夏洛只是一個沒錢、沒勢、沒工作的魯蛇時，這種一無是處的狀態讓他痛苦，讓他不甘心……即使畢業多年，他還念念不忘當年的女神秋雅，用自己老婆拔罐、騎三輪存下來的血汗錢跑到秋雅的婚禮上裝土豪。身為一個男人，這種活法也真是委屈，可是怪誰呢？只能怪他不爭氣，自己四肢健全、身體康健，卻心甘情願地當一個靠老婆養活的廢物。

當他因機緣巧合穿越回到了過去，一切就都是完美的嗎？

他先是成了音樂天才，從而成了學校裡的風雲人物，後來又成了亞洲「音樂教父」、娛樂圈舉足輕重的人物，也成功親到了女神，

終於抱得美人歸，從此過上了極盡奢靡、揮金如土的生活，開豪車、住豪宅⋯⋯

還有呢？

自己的女友跟初戀舊情複燃，老媽整天抽菸、打麻將，曾經最心愛的女人、唯一願意為了自己付出一切的女人，卻成了別人的老婆。這還不算最慘，最慘的是他發現自己得了惡疾，將不久於人世，一手提拔起來的小弟竟然還伺機上位，連臨死前僅有的這段時光都不能消停度過。

這樣的青春、這樣的人生就完美嗎？

真的，誰也沒有必要羨慕誰。每個人的青春都是獨一無二的，都是一生只有一次的瘋狂歷程。最好的青春就是，贏要贏得漂亮，輸要輸得瀟灑。

我們的青春不會回頭，我們也沒有時間浪費在遺憾上。我想請你相信，你現在擁有的時光，就是最好的時光。

曾經有一個朋友告訴我，真正的高手，不是那些一生下來就占盡天時地利人和的人。如果你的人生上半場抓了一手爛牌，那麼，你的人生下半場一定要重新洗牌。

這僅有一次的人生，我不想說抱歉

———和自己的約定———

我多希望你，到了最後，

有愛，也有麵包。

只願你能滿心歡喜地
落入婚姻的俗套

婚禮真的是一種很特別的存在。

它能勾起年代久遠的回憶，能招惹各路妖魔鬼怪，也能打破隔閡，黏合心底的碎片，更能製造幸福，讓人一夜長大，從此改變兩個人、兩個家庭的命運軌跡。

週末我參加了好朋友托尼和小兔的婚禮，原以為自己也是見慣了這種場面的人，不會被煽情的氣氛感染，但我還是高估自己了。

托尼穿著西裝、打著領帶，身姿挺拔地站在舞臺上，音樂響起後，他深情款款地對著小兔念起了臺灣著名作家蔣勳的《願》。

我願是滿山的杜鵑
只為一次無憾的春天
我願是繁星

捨給一個夏天的夜晚

我願是千萬條江河

流向唯一的海洋

我願是那月

為你再一次圓滿

......

當他念到「我願是那月，為你再一次圓滿」時，台下舉著手機拍照的我，視線已經模糊了。因生怕被別人看到，覺得我矯情，我用力眨了幾下眼睛，清除了眼裡的朦朧。

而後，小兔深情地對望著托尼，唱了一首我沒有聽過的歌，歌詞我一句也沒記住，只記住了他們兩個緊握著的手。

他們都是我第一份工作的同事，托尼是公司的主管，小兔是公司的行政。托尼是那種聰明有學識、邏輯極為縝密的人，而小兔聲音永遠輕柔，又酷愛美食和旅行，有著一顆永遠 18 歲的少女心。

實在很難想像，這兩個人最終成了一對，他們在一起的時候也是各種不被看好。

可他們現在結婚了，而且看著還那麼幸福。

他們的故事會讓人更勇敢，更相信愛情。

02

其實，我是一個不想結婚的人。我曾經也有想結婚的衝動：看到別人結婚的時候；看到新娘子穿上雪白的婚紗、手拿捧花嫋嫋婷婷地走上紅地毯的時候；看到新郎、新娘在萬眾矚目下說出一輩子不離不棄的誓詞的時候；看到新郎、新娘的爸媽熱淚盈眶的時候；看到新郎、新娘交換戒指的時候；看到新郎、新娘在眾目睽睽下羞赧地熱烈接吻的時候。

除此之外，我並不是很想結婚。可能我的潛意識裡總覺得，那樣的瞬間是新人最美好的時候。

車窗外的景物一直倒退，雨水有點急促地拍打著玻璃，我跟大寶兩個人坐在後座上有一搭沒一搭地閒聊，氣氛忽冷忽熱。空氣凝滯……很久以後，大寶悠悠地說了一句：「Summer，你說，是不是每個人最後都會落入俗套？」

我當然明白她指的是結婚這件事情。便答，會吧，因為我們大多都是俗人，最終都會落入俗套，只不過有的人早一些罷了。在落入俗套的理由上，有些人是為愛情，有些人是權衡過後的妥協，有些人是一心嚮往的塵埃落定，有些人是為了別的……

我轉過臉，看著大寶：「那你呢？你以前設想過自己什麼時候結婚嗎？」

大寶說：「以前覺得 26、27 歲都已經很大了，所以那個時候想的是 26、27 歲自己肯定結婚了，說不定孩子都有了，可現在……Summer，你呢？」

我？

「結婚」這個概念對我來說有點模糊，很少去設想什麼了，可能在這一點上，我注定要辜負我爸媽的期待了。可能我最終還是會結婚，只是我不能保證那個「最終」是什麼時候。

我一直不敢告訴他們的是，我不想結婚，至少現在還不想。

因為，我覺得自己還是一個孩子，還有很多天真的想法，還沒有辦法這麼快步入婚姻，還沒辦法真的去承擔一個家庭的責任，還不知道怎樣去扮演一個好妻子、好兒媳、好媽媽……。

因為，我總覺得我的人生在大學畢業以後才真正開始。在那之前的我，只是順著老師和爸媽規劃好的足跡向前，並不知道前面的風景是什麼，也不知道自己究竟想要什麼。畢業以後的我才是真正的我，才真正開始按照自己喜歡的方式生活。一個人在陌生的城市打拚，有酸澀，有甜蜜，有過愛，也有過怨念。開心的時候很暢快，痛苦的時候也很誅心，每一天都很實在。

因為，我總覺得自己的人生還有很多的可能性，我不想這麼早結婚生子，然後過一輩子平庸的生活。我覺得自己的這張紙上，還欠缺很多精彩。我想看很多很多的美景；想寫很多很多的文章；

想去很多很多的地方；想認識很多很多有意思的人；想聽很多很多跌宕起伏的故事……

「結婚以後就不能做這些了嗎？」大寶問我。

我說：「也可以啊，但是要看運氣，需要平衡很多維度的東西，不會像現在這麼簡單。」

大寶接著說：「Summer，我想我知道我們不想結婚的原因了，當別的女生追求幸福、追求安定時，我們還在忙著追求自我實現。」

03

被家裡催婚催得很厲害的那段時間，我像是抓救命稻草一樣傳訊息給好友阿飛：「如果有一天，我因為年齡、父母催促妥協了，你一定要阻止我！」

誰知，她竟很果斷地回我：「我不會，我會勸你找個有錢的。」

我說：「我以為，你是那個唯一能夠阻止我的人。」

她說：「不要委派這樣的重任給我，我三觀不正，難當大任。」

我說：「可能是因為我們都太窮了吧，窮到誤以為錢真的能買到一切……」

她說：「我不要全世界，我只要全世界的好東西。」

我說：「有時候覺得當一個喜寶（張愛玲小說中的人物）那樣

的人也不錯。她說過，她要很多很多的愛，如果沒有，就要很多很多的錢，如果兩樣都沒有，健康也是極好的。」

她說：「喜寶太慘了，還是別了。」

我說：「喜寶哪裡慘了？有人愛，有錢花。」

她說：「可是她的真愛相當於被自己害死的，還不慘嗎？對喜寶來說，也許一直沒遇到愛情，可能會更好。」

我說：「沒有愛的話，不會痛苦一輩子嗎？有錢，卻沒有愛，會很孤獨吧⋯⋯」

她說：「人這一輩子，怎樣生活都會孤獨。」

我說：「可是我又想要錢，又想要愛怎麼辦？可以不用很多錢，夠花就好，其餘的生命空隙用愛填滿就好。」

她突然笑了：「哈哈，貪心的女人，其實你比我要貪心多了。」

我一點也不想否認：「對啊，我就是貪心，又要麵包，又要愛情，而且麵包我可以自己買，那個人給我愛情就可以。」

她說：「那我不要愛情算了。」

「為什麼不要？」我問。

她說：「一定要選的話，我選擇錢。錢拿到手裡就真的是自己的了，愛情就太難說了。」

我說：「你看，我們的生活要比電視劇複雜多了。」

關於物質和愛情，我跟阿飛在討論時所持的觀點大致代表了兩類人的想法：一類有情飲水飽，一類有錢好商量。但我們都不夠清醒睿智，說的話都只是因各自際遇而感慨的一時之言。

詹森曾說，只為金錢而結婚的人其惡無比，只為愛情而結婚的人其愚無比。

有人說他這話太自負了，一竿子打死了所有已經結婚的和打算結婚的人，可這些人都誤解了他的意思，沒有明白他的話外之音。

他真正想表達的是，建立在物質和情感平衡基礎上的婚姻，才是最穩固的婚姻。

現實裡，有太多婚前愛得死去活來的有情人，婚後常常因為柴米油鹽等雞毛蒜皮的小事惡語相向，甚至大打出手，完全不記得當初的纏綿情話和真摯誓言。

現實裡，也有太多女生為了物質而放棄了愛情，揮淚斬情絲，從此蕭郎是路人。可她們並沒有因此收穫幸福，她們的老公多半在外面另覓新歡，除卻風月場上的逢場作戲，還有很多人是養了第三者之流的。

這樣的故事總是引人唏噓，可這樣的故事絕非沒有徵兆，只是輪到自己身上，結局是喜是悲，還要看你在面對婚姻時如何做選擇。

我多希望你，到了最後，有愛，也有麵包。

只要你不是特別貪心，這一點還是容易實現的，選擇跟自己愛的人在一起，賺足夠的麵包，又或者在你喜歡的人裡面，挑一支潛力股。

04

我參加過很多朋友的婚禮，也聽過很多人關於結婚的心路歷程。

X小姐說：還想多談一兩年戀愛呢，可是家裡人一直催，說我不結婚，弟弟、妹妹的婚事都不好張羅，結就結吧。

L小姐說：原本就打算今年結婚的，眼前的這個男人也是最合適的，經濟實力、學歷、家庭環境等都還不錯！

K先生說：我們男人不像你們女人那麼複雜，愛情對我來說太虛了，我只知道我想娶眼前的這個人，想跟她在一起生活，這就足夠了。

⋯⋯

關於「為什麼要結婚」這件事，每個人的答案注定會不一樣。不知道等到將來結婚時，你的答案會是什麼，我只希望你能滿心歡喜地落入婚姻的俗套。

希望那場婚禮是你一心想要的；希望眼前的那個人是你想共度一生的；希望你們的婚姻是被祝福的；希望你能笑意盈盈地走上紅地毯，也能在送完賓客後，輕輕地關上門，帶著溫柔笑意看著房間裡的那個人。

——和自己的約定——

旅行不是為了逃離生活瑣碎和艱難困境，

也不是刻意去追尋厚重的意義，

只是單純地享受在路上的感覺。

旅行最好的樣子，
是用自由擁抱自由

01

有段時間，我一度很糾結旅行的意義。

旅行，是從自己待膩的地方到別人待膩的地方去嗎？是為了逃離生活中的疲憊和失意，遠離工作和感情上的煩惱嗎？是為了遇見不同的人，看不同的風景，聽不同的故事嗎？還是為了遇見一個未知的自己，挖掘人生的更多可能？還是為了感受地圖上一分一寸最真實的風格和氣質嗎？

……

好像都是，又好像都不是。

在桂林，看完兩江四湖夜景，步行回飯店的那個晚上，我舉起手機採訪同行的朋友，一一追問她們旅行的意義是什麼。

小意說：「我有錢，不在乎什麼意義。」

阿遇說：「為了體驗風土人情，開闊眼界心胸，提升氣質修養，簡單點說就是長長見識。」

我當下白了她一眼，拜託，不要說這麼冠冕堂皇的答案，現在又不是新聞採訪。

我把手機舉到西西面前，她說：「吃喝玩樂吧，反正我是辭職了出來散心。」

然後，我煞有其事地把手機的麥克風孔位放在唇邊，問了自己同樣的問題。

那時候，我想說出一個很特別的答案，一個與眾不同的答案，一個可以把所有人的答案都折疊掉的答案。但我沒有，我發現自己之前每一次旅行的動機，都包含在她們幾個人說過的答案裡了，我根本找不到一個更好的答案。

02

我又跟很多別的朋友聊過，發現他們並不糾結旅行的意義，只是單純地享受旅行本身。

不會像被關在房間裡很久、剛放出來的犯人一樣，節奏迅猛地橫衝直撞；不會像帶著任務出發的無趣靈魂，除了例行公事般的照片，什麼也沒留下；不會像底氣不足的淺薄行者，刻意地在社群平台上標記位置，若隱若現地炫耀些什麼。他們，只是隨性行走，去

留隨心。

　　抵達目的地後，瀟灑地關掉所有的電子設備，拋開一切外在束縛和地域偏見，放鬆每一根神經，用眼耳口鼻舌，全身心地擁抱周遭的一切風景和人物。

　　有人因為一部紀錄片，一個衝動，跑到日本北海道島最北端──宗谷岬。

　　鄂霍次克海面上翻滾著兇猛冰冷的海風，列車在極致嚴寒裡慢吞吞地往前走，目之所及是一望無際的皚皚白雪，耳邊盤旋著空靈的陶笛聲，一顆心漫無目的。呼吸著最冰冷的空氣，直面最無情的風。

　　一個人呆呆地站在那裡，望著豎立的三角錐形碑，世界像靜止了一樣。

　　有人因為鳥語，在春末夏初，一路向北，飛到青海。

　　汽車在寬廣的天地間緩緩地開著，天空似乎比南方低很多，眯起眼後有種在看藍色天花板的感覺，空氣中偶爾飄過幾縷淡淡的牛羊氣息，竟然意外地好聞。鳥島在青海湖一角，路兩邊是青色的草地，間或開著叫不出名字的野花，耳邊是音色各異的鳥語，嘰嘰喳喳地講著你聽不懂的故事。有些鳥兒在湛藍的天空和澄澈的湖面組

成的平行空間裡翱翔，劃出一道道飄逸的白色痕跡；有些鳥兒在湖面上嬉戲打鬧，調皮地製造湖水微瀾；有些鳥兒在岸邊懶洋洋地曬著太陽，偶爾還會主動衝到遊客的鏡頭前充當模特，讓你又驚又喜。

白日，草原上牛羊成群，像一幅熱鬧的油畫。夜晚，星空如夢，像是最深邃的瞳孔。

有人因為鳳凰花，在雲淡風輕的時節，南飛到廈門。

走過自由又慵懶的古老街區——華新路，穿過繁華熱鬧的老牌商業街——中山路，騎過自然清新的海邊綠色長廊——環島路，在曾厝垵的文藝清新店鋪和特色美食裡流連，在歷史和人文完美結合的鼓浪嶼上閒逛，在中西合璧的建築群裡穿梭，在皎潔月光下起舞，在清風中與友人對飲，在忽高忽低的海浪裡思考。

有人因為一篇網路文章，在雨季穿著長裙飛到清邁。

坐在充滿異域風情的咖啡店裡，安靜地打量窗外的過往行人：虔誠無比的僧人，一臉無邪的小學生，淳樸俏麗的泰國女孩，滿臉好奇的金髮碧眼，以及隨處可見的背包客。騎著摩托車來回穿梭，速度有時快，有時慢。邊走邊看，寺廟和佛像隨處可見，用輪胎的軌跡丈量一座城市的古樸和神秘。邁著輕快的步伐，在夜市裡亂逛，橫掃各種美食，精心挑選特色工藝品。小酌一杯後，在一片微

醺中步行回旅館。

有人在雪鄉的厚實積雪上來回翻滾；有人在熱鬧商圈的街頭冒充流浪藝人；有人赤腳走過落葉滿地的衡山路；有人在特萊維噴泉邊跳起踢踏舞；有人在巴賽隆納的酒館裡用方言唱歌；有人拉著心愛的人淋著雨跑過第五大道。

03

後來，我去了很多地方，認識了很多人，看過了很多風景，更加確定：

旅行並不需要什麼特別的、深刻雋永的意義，只是那陣子有錢有閒，想要出去走走。

這樣的旅行更加純粹。

它不是你連續加了三個月班、放了朋友無數次鴿子後的變相補償，也不是你輟學、失戀、失業後的迷茫消遣，更不是你面臨人生重大抉擇卻無法選擇時的短暫逃離。

它只是一種突發奇想，一種興致使然。那種感覺就像你今天看了天氣預報說明天北京將降初雪，便立刻買了一張開往北京的高鐵

票，乘著風一路向北，只為了看一場氣勢輝煌又清新絕美的故宮初雪圖。

旅行最好的樣子，是用自由擁抱自由，用自由的心擁抱自由的風景。

不是為了逃離生活瑣碎和艱難困境，也不是刻意去追尋厚重的意義，只是單純地享受在路上的感覺，只是單純地享受一種又一種看待自我、世界和人文的獨特視角。

世界不是苟且，世界是遠方。

行萬里路，才能回到內心深處。讀萬卷書，才能看得清皓月繁星。

——和自己的約定——

比一時的答案更重要的東西，
是自己嘗試著去找答案的這個過程，
這個過程帶給你的是獨立思考和解決問題的能力，
而這種能力價值連城。

自己找出來的答案，
才是最有價值的

半夜睡不著，坐在窗戶旁滑手機，給別人按讚、留言之餘，順手發了一則很矯情的貼文：城市的夜晚，是沒有星空的。

三十秒後，接到了千里之外的龍哥的電話，他說：「還沒睡呢？看到你寫的文章了，寫得不錯。你現在還會每天看書嗎？」

我說：「每天讀書有點困難，不過有時間的話就會看，能看多少是多少。」

龍哥說他很羨慕我現在的狀態，除了應付工作和生活，還能抽時間看書。

他說，他大學畢業以後壓根就沒買過書，更別提看書了。當年考研究所那陣子，他可是能把手機扔在宿舍，跑去閱覽室，一坐一整天看書、做筆記的，現在想想那樣的日子好遙遠。有時，他也會強迫自己坐下來看一會兒書，可書上的每一個字都像是修煉過「凌

波微步」似的，虛浮縹緲，根本不知道寫的是什麼。

我完全理解那種狀態。

人一旦進入社會以後，是很容易浮躁的，每天打交道的人太多，處理的瑣事太雜，生活被電腦、手機和網路綁架，大腦每時每刻都在接受和處理蕪雜的垃圾訊息，很難再靜下心來看書。

我說，環境是會影響人的行為模式，但重點在於你能不能靜下心來。如果能做到心無雜念，看書這件事情就會從被動變成主動。

兩個人有一搭沒一搭地聊著，說著各自的工作和生活，末了，他來了一句：「你幫我推薦一個書單吧？挑一些你覺得好的書，我想找回之前那種能認真看書的狀態。」

「我是不會為你推薦書單的！」

我突如其來的彆扭情緒讓龍哥覺得莫名其妙，他追問為什麼。

我有點賭氣地說：「因為，那些喜歡請別人推薦書單的人，根本都不會看書！」

02

我承認這句話說得有些絕對，但是絕大部分喜歡請別人推薦書單的人，都不會去看書單裡的書。

大學裡，我有一陣子對古文很感興趣，覺得古人的文筆真是厲害，寫的文章，要意境有意境，要哲理有哲理，為此還特地找到了

中文系的資優生，請他幫我列一個經典古文作品的書單，打算惡補文學素養。

結果，那朋友比我想像的還要夠意思。

他不僅列了一個足足有五頁的書單給我，還傳給我一個巨大的壓縮檔，裡面全是電子書文檔，《論語》、《孟子》、《山海經》、《說文解字》等各種經典書目都在裡面了。他給我的書單裡的那些書，大部分都是我感興趣的，但是我一本都沒有買，一本都沒有看。他給我的海量電子書資源，我也只是匆匆瀏覽過幾次，從一個硬碟裡拷貝到另一個硬碟裡，直到電腦重裝系統，檔案消失。

與別人推薦的書單不同，我自己在網路上搜羅到的、在書店找到的書，都完整地看完了，很多還看了好幾遍。因為這些書，都是我花了心思去挑的，付出了時間、精力和金錢的，潛意識裡即使是為了投入和產出成正比，我也會耐著性子把它們看完。

大三時有個學妹 M，說他們課不多，平時很無聊，請我推薦幾本經典又好看的小說打發時間。國外的名著裡我推薦了《傲慢與偏見》、《簡愛》、《挪威的森林》，國內的小清新作品我推薦了《你好，舊時光》和《何以笙簫默》。

在《何以笙簫默》的電視劇大紅之前，我發了一則貼文，是小說裡的經典臺詞：如果在這個世界上曾經有那個人出現過，其他的

人都會變成將就，而我不願意將就！

她在下面留言：「這是你說的嗎？好文藝啊！」我說不是，是「何以」小說裡的啊。然後她說：「是哪個『何以』？好看嗎？」

排除沒時間和別人推薦的書不對自己口味這兩個原因，我們很少會看那些書的原因恰恰是——那是別人推薦的。別人推薦的書，跟別人給的資源一樣，都得到得太容易了，沒有付出過自己的努力，所以才不會去珍惜，不會真的去看。

縱觀身邊喜歡讀書、每年的閱讀量都很可觀的那些人，都是一有時間就主動去找好書看，要麼去查網站的銷售榜單，要麼去書評網上看書評，要麼去逛實體書店……比起別人的推薦，他們更相信自己的眼光和品位，也很享受這種尋覓好書的過程。

03

跟別人推薦的書有同樣命運的，還有別人推薦的電影、別人推薦的英語學習網站、別人介紹的減肥方法等，那麼多「推薦」，有幾個真正發揮了作用的？

非常少！不是這些推薦沒有價值，而是我們的懶惰導致我們很難去有效開發它們的價值。

這個世界上有一種人是「伸手牌」。他們的主動性極差而依賴性極強，萬事喜歡走捷徑，喜歡坐享其成，卻很少會自己去找答案。

很慚愧，我曾經也是一個可恥的伸手牌。可當有一天，我發現自己從來沒有好好利用過自己伸一伸手就得到的那些資源時，當我發現那些伸手得到的資源最後都成了「留著占空間，丟了又可惜」的雞肋時，我終於意識到，該把這個壞毛病改掉了。

　　後來，當我想請別人推薦書籍、電影、攻略給我時，腦子裡都會跳出來一個小人，把這些念頭一一掐死，然後自己花時間去找答案。而我自己找的書、自己找的電影、自己找的攻略，都無一例外地看完了、用上了，真正地發揮了它們的價值。

自己付出了勞動得到的東西才會去珍惜，這是人性。

　　以後當你突然對某一個作家感興趣、對某一個領域感興趣、對某一件事感興趣時，先試著自己去找答案。你自己找來的答案，才最深刻，最有意義。有了這層鋪墊，再向那個領域的高人請教一二的話，你會成長得更快。

　　更何況，比一時的答案更重要的東西，是自己嘗試著去找答案的這個過程，這個過程帶給你的是獨立思考和解決問題的能力，而這種能力價值連城。

——和自己的約定——

不要把自己修煉成鐵石心腸，

拒愛情於千里之外，

而是要即使受過傷，

也能抱著一份美好的期待勇敢去愛。

他最大的魅力，
可能是你的想像力

親愛的，你有沒有經歷過不方便的愛情？

不方便的愛情，不是說你介入別人的愛情或婚姻，而是你跟他沒有公開戀愛過，從開始到結束都是偷偷摸摸進行的，你的微笑和眼淚、你的快樂和悲傷，都沒有人可以分享，都壓根見不得光。

薇薇安有過一段不想提起的感情，因為這段經歷，她不再相信愛情，不再相信男人。

現在她經常掛在嘴邊的話是，如果要從男人和事業兩者之間做選擇，請果斷選擇事業，因為它不會背叛你。

那個人叫奧斯卡，故事發生前，她從來沒想過，會和這個外派到總公司來工作的人發生任何感情糾葛。她不是紫霞仙子，既沒猜中開頭，也沒猜中結局。

那天，她像往常一樣進公司，剛把打包的咖啡放到桌子上，部

門經理就領著幾個人，在辦公室裡一一介紹開來了。他說，這些是從分公司調過來的人，專門支援下半年的幾個大案子，希望大家多多關照……末了，指著奧斯卡，望了薇薇安一眼說：「對了，這個人分到你的組。」

接觸以後，她瞭解到奧斯卡以前是做飯店業務的，剛轉行沒多久，是個對公關幾乎沒有概念的新人。分公司把他派來，一半是支援案子，一半是培訓學習。

每次開會，奧斯卡都表現得很認真，工作也很賣力，早到晚退。

這些薇薇安都看在眼裡，判定他是個有前途的人，平常也比較關照他。

一個加班的晚上，辦公室裡就只有他們兩個。奧斯卡雖忙完了手頭的事情，但並沒有走，一直坐在一旁玩手機，像是單純地打遊戲，又像是刻意在等薇薇安。

見他一直坐在那邊，薇薇安問：「有事嗎？」

他猶豫了一下，說他很喜歡公關這個行業，想在這行好好做下去，問薇薇安能不能幫他額外補習一些行業技能，他也知道這個要求可能有點過了，但還是抱著希望問問。

薇薇安本能地想拒絕，她說自己也不過入行兩三年而已，並不覺得自己有能力教他，而且利用私人時間教學這件事情，真的不太方便。

奧斯卡緊追不放，說不會的，她怎麼都比自己厲害，占用私人時間確實不好意思，那不如一週一次，他可以按照課程時間支付補習費用。

薇薇安不好再拒絕。只是，不喜歡跟同事有金錢上的交集的她，讓奧斯卡把補習費用換成了請客吃飯。

薇薇安就這樣成了奧斯卡的私人教師，他們每週見一次面，約在咖啡館，她會事先把當天的補習內容做成簡報，教學時先分享一些基礎理論知識，接下來是一個問答測試，最後再拿業內的經典案例和公司做過的案例做分析講解。

奧斯卡則很認真地聽她講課，做筆記，遇到不明白的地方則直接提問。

每次結束了，他們都會一起吃飯，偶爾還會看場電影。

奧斯卡第一次提出要送薇薇安回家時，她嗅出了幾絲曖昧的氣息。

似乎，越往後，這樣一對一的見面，約會的成分越要遠遠大於一對一教學的成分。她開始重新審視奧斯卡一系列舉動背後的動機，以及他們兩人之間的關係。

但奧斯卡一直沒有明確表態，她也就假裝什麼都看不懂，照例

每週上課，只在心裡醞釀著，找一個合適的機會把這件事情理清了。

她並不享受這種類似曖昧的狀態。

理智上，她不想跟奧斯卡發生任何感情糾葛。一來，他們是同事關係，戀愛中的一舉一動都在同事的目光之下，很可能影響以後的工作；二來，對方的年齡比自己小，資歷比自己淺，跟她想像中的能讓她仰望的另一半相去甚遠。

撇開理智不管，單從感性上看，她對奧斯卡是很有好感的，他的細心周到、幽默感和穿衣品味都很加分，有時他的一些不經意的舉動，很能激發她的少女心。

雖然她不想承認這些，但也不想對自己撒謊。

9 月慶功宴，部門聚餐結束後，又轉戰 KTV。

那個專案做得很成功，客戶特地寄了一封很長的表揚郵件，老大很開心，當晚到場的人都喝了很多酒，包括薇薇安在內。

玩遊戲的時候，薇薇安一直輸，不停地被同事灌酒。奧斯卡看不下去，直接把她的酒接過去，說她輸了的酒他可以幫她喝掉，叫她放心大膽地玩。

同事立刻起哄，說他們有「姦情」。奧斯卡把手裡的酒一飲而

盡後，痞笑著說：「我保護我師父不行啊，你們這些沒有師父的人是不會懂的。」

那時，他放在桌子下面的左手偷偷抓住了薇薇安的右手，薇薇安任由他握了一會兒，之後迅速把手抽離，跑去點歌。

散場後，奧斯卡照例送她回家。

她想，也好，正好可以把話說清楚。

快到樓下時，她停下來，很認真地看著奧斯卡說：「等這個月的課程結束後，我們週末就不見了吧。還有，我覺得我們應該保持一點距離，我喜歡簡單一點的同事關係，不想讓事情變得複雜。」

這話裡隱含的意思就是，他們只是同事，不接受勾搭。奧斯卡怎麼會聽不懂她的弦外之音？剛開始他站在那裡沒說話，突然一把抱住薇薇安，用力吻起來。

薇薇安一下子傻了，回過神後，便開始推他，可她越推，奧斯卡就抱得越緊，急得她只能用高跟鞋踩奧斯卡的腳，這才脫身。

「你瘋了嗎？」她立刻大發雷霆。

「我喜歡你。」奧斯卡仍拉著她的一隻手，不肯放開。

「你喝酒了，剛才的事情我不會放在心上的，但下不為例。」

「薇薇安，你是知道我酒量的，我很清醒，知道自己在做什麼。」

「酒後的話可以當真嗎？」

「我、很、認、真，很、認、真。」奧斯卡一字一頓地說道。

「可是，我需要一點時間考慮……」

「可以，我等你。」

「嗯，晚安──」

「晚安。」

後來，他們在一起了。

公司雖然沒有明文規定同事之間不許談戀愛，但薇薇安是知道老闆的態度的，所以很小心。考慮到職場發展，兩個人一直處於一種地下情的狀態，在公司裡裝作什麼都沒發生似的相處，盡量避免不必要的接觸，還任由同事開他們和別人的緋聞玩笑。

只有在下班以後，他們才會像別的情侶一樣，光明正大地約會、吃飯、看電影。

到了 12 月底，幾個大案子基本上做完了，分公司調過來的同事也陸續回去了。

歡送會聚餐那晚，奧斯卡把薇薇安送到家，在門口吻了好一陣子才離開。

薇薇安洗完澡，拿起手機一看，好幾個訊息和未接來電。奧斯卡說想她，剛分開就想她了，說他明天上午就回去分公司了，要薇

薇安出來陪他。

她回他，幹嘛說得像以後再也見不到一樣，可以輪流飛到對方所在的城市看對方啊。

奧斯卡說，他不管，他還沒走，還在社區門口站著抽菸呢，薇薇安不出去，他就一直等下去……

薇薇安又不傻，她知道這麼晚再出去的話會發生什麼。

她一出來，奧斯卡就滅了菸頭走過去，牽著她的手走到路口招計程車。

吃完宵夜，二人回到家。一進房間，奧斯卡就去洗澡了，而薇薇安手機沒電了，就拿起奧斯卡的手機玩，準備聽一會兒歌，滑滑社群平台。

她剛拿起手機，手機上就收到了幾則訊息。

都這麼晚了，還有誰會傳訊息給他？戀愛中的女人有著極其敏感的警惕心，她鬼使神差地點開了那幾則訊息，隨後腦子一下子就炸了……

傳訊息給奧斯卡的人，頭像是一個性感的紅唇標誌，那個人喊他老公，問他在幹嘛。她翻著聊天記錄，越往前看，心就越沉，他們曖昧有一段時間了。她不敢相信口口聲聲說喜歡自己的人，對自己處處溫柔體貼的人，背後竟然是這樣一副面孔。

奧斯卡從浴室走出來時，薇薇安神情痛苦地看著他。

「你為什麼要這樣對我？跟別人曖昧了這麼久，你是把我當傻子嗎？」

誰知奧斯卡竟然出奇地冷靜：「我跟她沒見過，只是在網路上聊天而已。」

「如果今晚我沒有出來，你是不是就去找她了？」她壓住火氣說道，「是不是今晚誰陪你不重要，只要有人陪你就行？」

「薇薇安你別這樣，不是這樣的，」他抓著頭急於解釋，像在斟酌字句，又突然話鋒一轉，「你現在是不是覺得我很渣──」

「不然呢？那你覺得，我應該怎樣以為？」

「你有沒有想過，我們兩個遠距離，這段感情不可能有結果的。遲早都會分開，結果沒有差別⋯⋯」

「渾蛋，這根本就是兩件事情！以後會不會在一起是以後的事情，遠距離戀就一定會分手嗎？你不能用壓根沒發生的事情來當自己濫情的藉口！」

「是不是無論我現在說什麼，你都聽不進去了？」

「是！」

「那你今晚還會陪我嗎？」

「不！可！能！穿上你的衣服滾吧！我以後再也不想見到你。」

「好──」

砰的一聲，奧斯卡摔門而出。

那晚，薇薇安蹲在地板上哭到嗓子發啞……發洩完，她抽了一根奧斯卡落下的菸，壓根不會抽菸的她，被煙霧薰得眼淚、鼻涕一起流。

一夜沒睡。第二天一大早，她請了假，頂著哭腫的眼睛在路上閒逛。

有那麼幾個瞬間，她還幻想，那個人會突然出現在街角，像以前一樣霸道地抱住她，溫柔地解釋。她的潛意識裡一直期待劇情有所反轉……

可是什麼都沒有。他們再也沒見過，再也沒聯繫過。

過了很久，她還是不能對這個人、這段感情釋懷。

再後來，薇薇安跳槽去了新公司，斷掉了跟奧斯卡在這個世界上的唯一交集。

很長一段時間，她不敢正視這段感情，連身邊最好的朋友都不敢說，被回憶反覆折磨時，也只是一個人死撐著。她覺得這道傷口是一生的恥辱。

為什麼這麼不公平，為什麼別人的愛情都幸福得像花，可以一臉燦爛地暴露在陽光下，她的愛情，卻是見不得陽光的毒蘑菇，只配在陰暗潮濕的角落裡瘋長。

她恨自己，她忘不了那些傷害，也忘不了曾經的那些好。

她跟我提到跟奧斯卡的這段感情時，已經是兩年後了。

她說，她不相信愛情了，男人沒幾個可靠的，與其浪費時間談戀愛，倒不如努力工作，拚命賺錢，男人能給的，她靠自己一樣可以得到。

聽她說那些喪氣話的時候，我只覺得心疼。

我說，你不能被傷了一次，就覺得全天下的男人都是人渣啊，雖然這個年頭渣男是很多，但好男人也很多啊！你只是還沒有遇到那個會真心對你的人。如果你一直抱著過去的傷痛不鬆手，不敢往前看，最後毀掉的不是別人，而是你自己。

愛情並沒有錯，只是她沒遇到對的人。

我們不能因為談過一次失敗的戀愛，就再也不敢談戀愛了；不能因為被男人傷過一次，就再也不相信任何一個男人了；不能因為摔倒過，就乾脆躺在地上不爬起來了。

真正的英雄不是無所畏懼，而是即便怕死，也總能在關鍵時刻挺身而出，救人於水火。

女人的堅強勇敢不是把自己修煉成鐵石心腸，拒愛情於千里之外，而是即使受過傷，也能抱著一份美好的期待勇敢去愛。你要做的，只是在每一次受傷後，吸取教訓，變得更聰明一點，慢慢學

會分辨好男和渣男，慢慢學會兩性相處的節奏和技巧。

　　我想要看到每個女生都能幸福、快樂地生活，更希望在你們的幸福、快樂裡，愛情不缺席。如果要愛，那就要愛下去，不要為了任何不值得的人放棄追逐屬於自己的幸福。

　　人生的路，還長著呢！下一站，也許就是幸福！

──和自己的約定──

如果分手以後，生命真的荒蕪，
那就換一個人重新再愛好了。

人不耗盡所有期待，
是不肯說再見的

分手的第一天，喬然像水裡嚴重缺氧的魚，沒有一絲生氣……她眼神空洞地躺在沙發上，手機被她扔在了地毯上。

到了夜裡十一點多，她才猛地反應過來，撿起手機，把張小東所有的聯繫方式都刪掉了，手指每點擊一次刪除，心就跟著疼一次。心裡埋怨著，現在的社群軟體越來越乾脆，社群好友和手機連絡人的刪除都太過方便，不會多問你一句「是」或「否」，一絲猶豫的機會都不給你。

不過這樣也好，不用平白多出許多糾纏，生氣過後，她又自我安慰。

那晚，她興高采烈地傳了一則訊息給我：Summer，快，恭喜我恢復單身了！

我自然是很違心地恭喜。

我們兩個，像是連續合作了很多部戲的演員，嚴絲合縫地配合著彼此的虛偽。我知道，她不需要我戳穿她；她也明白，我懂她這個當事人所有的言此意彼。

分手第二天，她花了將近七個小時整理房間，把家裡所有跟張小東有關的東西都翻了出來，一併扔到了超大號的儲物箱裡，接著踩著拖鞋，把儲物箱搬下樓，扔在了社區的垃圾箱旁邊。

最後，當她看著箱子裡散亂的泰迪熊、情侶手機殼、高跟鞋、浴巾、牙刷……忽然覺得諷刺。

原以為兩年的時間會留下很多東西，沒想到卻連一個箱子都裝不滿。那一瞬間，她討厭自己超強的記憶力，討厭腦子裡關於張小東的任何回憶。

分手第七天，她發了瘋似的想張小東。

想聽他的聲音，想看他的笑，想聞他身上淡淡的煙草味……撥了無數次號碼，點了無數次綠色通話鍵，但又匆匆按紅色按鈕掛斷。她恨自己居然還記得那個人的號碼，更恨自己手賤去撥號……

分手第二十一天，她還在持續地失眠中……
夜色正濃，可她很清醒。

「心還是會疼，想你在零點零一分，幸福的人都睡得好安穩，寂寞太會見縫插針」，在空蕩蕩的房間裡，她自虐式地單曲循環著張靚穎的歌——〈想你，零點零一分〉。

分手第二十九天，她約我一起喝酒。

我以為她要發洩，提前準備了一肚子安慰的話。可那晚她什麼也沒說，只是喝酒，多半時間在把玩手裡的酒杯，偶爾評論幾句酒吧駐唱、吉他手的水準。

末了，我們一起搭計程車回家。一下車，她就飛快地衝到社區的花壇旁，吐得一塌糊塗。我看得很清楚，她的眼裡有晶瑩的液體在打轉，可她忍著沒哭。

分手第五十二天，她一狠心把留了很久的長髮剪短了。

張小東以前最喜歡用手指穿過她的頭髮，可那都是從前了。照著鏡子，她對自己說：我要剪短我的頭髮，剪斷對你所有的牽掛。

分手第八十一天，我和她一起去看電影。

擠在人頭鑽動的地鐵站裡，她瞄了幾眼不遠處的一抹深藍，跟我很小聲地說了一句：「那個人有個一模一樣的雙肩包，以前天天背在身上……」

在星巴克排隊買咖啡，她看起來像跟我聊天，其實自言自語的成分更多。

你知道我為什麼一直喜歡抹茶拿鐵嗎？我總以為抹茶含有抹掉的意思，好像每喝一次抹茶拿鐵，就會抹掉一部分記憶。總有一天，會忘乾淨吧！

我去排隊取票的時候，她就站在一旁，下意識地抬起手臂，盯著左手腕上的那一抹白色，我知道，那是她以前戴情侶手環的位置。如今，手環摘掉扔了，但痕跡還在。

那天，我們吃飯、逛街、看電影，七個多小時裡，她至少失神了四次。

02

六個月後，她已經不會再刻意地記分手的天數了，有關張小東的記憶在腦海裡出現的次數也越來越少。每次經過以前約會的「老地方」，她不會再下意識地用目光搜索某個熟悉的身影了。

她說，有些事情如果真的忘不了，那就不要刻意去想。她說，已經把所有關於張小東的記憶都存儲在了大腦的某個死角裡，任由它們自生自滅。她說，分手那天，心上像是被人用利刃剜了一刀，現在那種痛徹心扉的感覺已經時過境遷，彷彿沒有發生過一樣。

她以前總覺得自己鐵定捨不得離開張小東，一定會犯賤再去找他的。

她還一直抱有僥倖心理，覺得那個人會回來。可事實是離開了他，自己竟然也可以過得很好。原來，真的沒有非有誰不可。

搬家前，有天晚上她一個人打包東西到凌晨兩點多，後來累到乾脆坐在地板上。她想，東西這麼多，這麼重，新找的住處又沒有電梯……一時情緒上湧，差點哭出來。如果那個人還在，自己就不會這麼辛苦了。

後來，她提前幾天用 App 預約了搬家公司，搬家當天又叫了幾個朋友幫忙，一切出奇地順利。

在新家的當晚，她換臥室窗簾時，有個念頭一閃而過，如果他們沒分手，就會有一個身高一八二的帥哥幫她換。但是下一秒，她轉而一想，搆不到可以加一個凳子啊。

原來，沒有誰是不可替代的，即使是張小東也不例外。

莎士比亞曾說，每一個被束縛的奴隸都可以憑藉自己的手掙脫桎梏。既然如此，每一個被感情灼傷的人，也可以優雅地自我修復。

既然分手了，就瀟灑地放手，最多為他深情醉一場，以後再也不回頭。

一年後，她在以前常去的那家電影院裡又看到了那個人的身影，旁邊站著一個時尚俏麗的女人。她笑了笑，轉過身，走開了。列印電影票時，敲了一句話：我已長髮及腰，但卻不再愛你。

03

王菲在〈紅豆〉裡唱：相聚離開，都有時候，沒有什麼會永垂不朽。

分手以後，難忘舊愛的，大多只是時間不夠久，新歡不夠好而已。人類的感情要比自己以為的複雜得多，刻骨銘心和形同陌路，大多只差一步。

我們都不是小龍女，我們的男朋友也不是楊過，沒有誰還會等誰十六年，也沒有這個必要。

對愛忠貞的真正意義是，我們對每一段當下的感情忠貞，對每一個眼前的愛人忠貞，而不必狹隘地理解為一生只愛一個人。

一生只愛一個人，是一種美好的奢望。

如果抱著一生只愛一個人的念頭生活，估計會活得很痛苦。因

為第一次遇到的人就是今生摯愛，還能攜手餘生，這可是萬分之一的低機率事件。

電影《春嬌與志明》裡有一句臺詞：人生那麼長，總會愛上幾個人渣的。

要我說，愛一個人那麼難，總要先找人拿來練習，闖情關本來就是一件需要合作加練習的事情，你會幫別人練級打怪，也會有人幫你升級裝備。還沒見過誰無師自通，頓悟成才，一下子就破了這天降難關的。

一個人住，去超市採購生活用品也許提不動，那就改網購好了。現在可是電子商務時代，網購平臺又不是擺設。

一個人生病了，沒有人照顧很淒涼，那平時就好好照顧自己，平日裡盡量少吃辛辣刺激的食物，根據天氣添加衣服。一個人走夜路不太安全，那就每次跟朋友聚完了記得早點回家。

一個人，生活空蕩蕩的，老是有生無可戀的極端想法，那就多找一點事情做，讀書、看電影、跑步、跳舞等，你有一萬種方式可以把自己的生活填滿，重點是看你想不想。

街角最喜歡的那家麵館關掉了，那就重新找一家更好吃的；一直很想入手的那款包包沒有喜歡的顏色了，那就換個牌子，或者重新挑一款。

生活一直很簡單，再難走的路都會有個轉角或岔路口，只看你怎麼走。

　　分手後的日子，並沒有那麼難熬。如果分手以後，生命真的荒蕪，那就換一個人重新再愛好了。

這僅有一次的人生，我不想說抱歉

——和自己的約定——

在感情的世界裡，不能有太多的計較。
那樣，你會愛得有防備，愛得很辛苦。

前任是座橋，
把我們渡給對的人

這裡的冬天很少會下雪，但冷起來卻絲毫不比北方遜色，空氣裡瀰漫的是深入骨髓的濕冷。濕氣無形，總在凜冽寒風裡從你的外套長驅而入，一點一點地消耗你身體裡僅存的熱量。

在這樣的天氣裡約會，再沒有比吃火鍋更讓人爽快的了。阿立剛滿心歡喜地夾了幾片牛五花塞進嘴裡，小曦試探性的聲音就從對面飄過來：「阿立，我，我有話想問你……」

「怎麼了？」阿立的視線暫時從火鍋上移開，目光聚焦在小曦精緻的妝容和飽滿的下唇上，嗯，好想咬一口。

「那個，你還沒有告訴我，你有多少個前任女友呢。」末尾刻意加上的「呢」，像是為了緩和這個問題造成的尷尬氣氛。

算起來，他們兩個交往也有半年多了，阿立從來沒有主動提過

這件事情。小曦從側面打聽到阿立曾經有過不少女友，非常沒有安全感的她迫切需要一個答案，好確定她在阿立心中的地位，好把這段感情的砝碼加重。

誰說只有女人才有直覺，從剛才小曦沒有像往常一樣擠在他旁邊，而是挑了對面的位置時，阿立就知道今天可能情況不妙。

從心理學的角度上講，相對而坐的兩個人往往是博弈的狀態，譬如談判。

該怎麼回答呢？

這張餐桌的長度大概是 140 公分，寬度有 50 公分左右。現在是用餐高峰時段，火鍋店裡人聲鼎沸，他要想在不引起太多人注意的前提下站起來，用嘴巴封住小曦的問題好像不太現實，於是只好給出一個答案。

阿立說：「我不記得了，又沒有刻意數過……」

小曦步步緊逼：「怎麼會不記得呢？大概有多少個前女友總會記得啊！」

阿立說：「你覺得這個很重要嗎？比我喜歡你還要重要，比我們現在在一起還要重要？」

小曦又說：「可是……可是那不一樣啊。」

這下，阿立把筷子放下了。

其實，按照以往的套路，他可以配合劇情發展，十分浪漫、霸氣地喊：「是，我有一百個前任，但現在我只愛你一個人！」

可這種情形下，他忽然覺得無趣，沒有心情去說任何情話，他不明白為什麼女人總是喜歡糾結這些有的沒的。

02

吃完火鍋，開車把小曦送回家後，他打電話給我：「喂，大作家，在幹嘛？」

我回敬他：「別損我，在看書。」

他說：「出來吃宵夜吧，我請客。」

我說：「我晚上滑到小曦的打卡，你們不是剛剛吃過火鍋了嗎？」

他說：「我沒吃飽，還有，有點事情想問你。」

四十分鐘後，阿立和我在我家社區附近的一家海鮮燒烤店裡大快朵頤起來。

我問：「怎麼了？」

他說：「小曦晚上問我有多少個前任女友，我沒有正面回答，因為我不知道該怎麼回答。」

我調侃：「話說，這個問題我也挺好奇的，到底是幾位數？」

他瞪了我一眼：「姑奶奶，你還嫌我不夠亂是吧？」

我說，其實兩個人談戀愛，有很多問題都是有參考答案的，尤其是女生最喜歡糾纏的問題。比如，是我好，還是你的前女友比較好？是她漂亮，還是我漂亮？又比如，你到底有多少個前任女友？

在愛情世界裡，有過跟女朋友鬥智鬥勇經驗的男生，這種時候一般都會選擇用標準答案來回答：當然是你好，當然是你漂亮，不管有過多少個前任，都會說有過兩個。

「女人天生是缺乏安全感的生物，尤其是陷入愛河的時候，常常容易被不安的感覺吞噬，越愛就越不安。小曦問這個問題，也許她是真的想知道一個具體的數字，想多瞭解你一點；又也許，她只想借這個問題窺探一下你的態度，就算你撒謊給出一個答案，她也能夠欣然接受。她最終要的不過是想讓你表明，你愛她，你在乎她，你在乎你們這段感情，僅此而已。」

聽了我的話，阿立說：「如果我不喜歡她，如果我不愛她，我們現在根本不會在一起啊。」

我說：「萬一，她就想聽你再認真地說一遍呢？」

畢竟在愛情裡，「我喜歡你」、「我愛你」這種話是聽不夠的。

後來，阿立深吸了一口氣，說了兩段富有哲理的話。

他說，未來的事情他不知道，很多人都喜歡給予承諾，以前他

也喜歡這樣，可慢慢地他發現，承諾不過是特殊情境下撒的一個謊，因為不是每一個承諾最終都能實現。他也可以撒一個漂亮的謊，讓這段感情看起來更美好，但時間終究會揭開謊言的面紗。很多看似浪蕩的人，匆匆掠過百花谷，嘗盡世間悲歡離合，但他們可能只是在等一個人，他們的意中人。

那些看似老實，值得託付一生的人，也可能在某個夜晚，去街角的某個地方背叛愛情。

他說，他確實有過不少前任女友，在這一點上他不想撒謊，但他也確實不記得到底有多少個，也不想去數。

有多少前任能證明什麼呢？難道以前喜歡過別人，就沒有喜歡眼前人的資格了？難道以前喜歡過別人，就不再值得信任和託付了？

我忽然想起了電影《忠犬八公》裡的一句臺詞：忠誠的意義在於，我們不該忘記愛過的每一個人。

03

不得不說，我完全贊同阿立的觀點。

阿澤是我大學時的同學，同校不同系，大學時就有「情場高手」的名聲，從大二到大四，追過的女生有兩位數之多，正式交往的女生也有六七個。同宿舍的一個男生在網路上苦追一個素未謀面的

女生三個月，想要讓女生傳來一張生活照都不肯，情急之下要阿澤幫忙跟女生交際一下，也許能搞到一張美人照。

十分鐘後，女生主動開視訊聊天了。

沒人會想到，這樣的一個情場高手，畢業後被一個女生 H 拿下了。他們開始交往之後，他把所有曖昧過的前任的聯繫方式全部都刪掉了，手機的螢幕鎖定密碼、社群帳號的登錄密碼也都換成了 H 的生日，就算是出去跟兄弟鬼混，也會提前電話報備一聲。

更有江湖傳言，阿澤對現任女朋友好到失去了原則。

石頭，是我的一個好朋友 W 的前男友，一看就覺得是特別忠厚老實的那種，跟 W 談戀愛期間簡直堪稱「忠犬系男朋友」，對她呵護備至，有求必應。

也正因為這樣，W 放棄了在大城市的高薪工作，跑到石頭所在的城市重新打拚。結果一年後石頭居然劈腿了，對象竟然是公司同部門的一個實習生。

這劇情真是出人意料。也許，浪子之所以浪蕩不羈是因為還沒有遇到他的情感終結者；也許，老實人之所以老實忠厚，是因為還沒有機會和本錢去浪蕩。

人是極為複雜的感性生物，一個人過去感情履歷的參考價值，

根本比不上信用卡的還款記錄。因爲，一個人前任數量的多寡，與一個人對待感情忠誠度的高低根本不能成正比。浪子可能會變專一，老實人也可能會變花心。

以前，我也總以為世界上最幸福的愛情模式是「一生一世一雙人」，以為遇見的那個人，就會是最後的那個人，兩個人相遇、相知、相愛、結婚、生子……共度餘生。可生活總會有變數，人生總會有悲歡離合，相愛的人不一定合適，合適的人又未必能在一起。

你不會知道，一個人一生只愛一個人，需要多大的運氣。

如果談戀愛的時候，真的要參考對方過去的感情經歷，那麼，你的現任上一段感情持續了多久，你的現任跟前任分手的原因，似乎更有參考意義。

當你拋出這樣的問題時，不論對方有沒有回答，不論對方給出怎樣的答案，都不要預設一個問題的答案去問問題，那樣的你是不會得到有意義的答案的。因為在感情的世界裡，不能有太多的計較。那樣，你會愛得有防備，愛得很辛苦。

所以，如果小曦跑來問我對這件事的態度，我會對她說：兩個人只要是真心相愛，對方談過幾次戀愛，有過多少個前任有什麼關係呢？畢竟，你才是現在的唯一，不是嗎？

——和自己的約定——

你要學著一個人走未來的路，
學著一個人為人處世，學著一個人打理生活，
不畏山長水遠，踽踽獨行。

你要穿著一身白衣，
讓陽光照進你

01

我有個很要好的朋友，最近意志消沉，生理時鐘混亂，在通訊軟體上跟他聊天，他反應遲鈍，總是一副心不在焉的樣子。

前兩天，我開玩笑地說：「×××，等我賺到一大筆錢，請你出去浪吧。」

他說：「不用了，我浪不動了，不如歸隱山林，歸園田居。」

他說，以前也一直覺得自己是一個很正能量的人，雖然正能量這個詞從文青嘴裡說出來，呆板又俗氣。

他沒有具體跟我聊是什麼事情，只是說需要一些時間。

可能他在短短幾個月的時間裡遭遇了很多不好的事情，人生軌跡發生了新的改變，站在一個完全陌生的十字路口，未來看似有很多選擇，卻不知道該選擇哪一條路走，也不知道選擇了以後能不能

到達他想去的遠方。

我只希望他能快點振作起來，滿懷期待地奔向一直渴望的遠方。

02

孤單和不安，像是一對親密無間的雙胞胎，如影隨形地伴著你成長。我們越長大越孤單，越長大越不安，越長大越世俗，越長大離初心越遠。

突然有一天，全世界都在對你說，你是個大人了，要像個大人一樣不動聲色地生活了。一直都不露聲色的、洶湧的時間洪流用力推著你往前走，猛地把你推進光怪陸離的世俗深淵，全然不顧你臉上的惶恐和心底的不安。

好像所有的人都忘記了。忘記了，你從來沒有一個人翻過崇山峻嶺，露宿在人跡罕至的深林；忘記了，你從來沒有一個人面對燈紅酒綠，在觥籌交錯中虛與委蛇；忘記了，你從來沒有試過對著討厭的人談笑風生，輕鬆自如；忘記了，你從來沒有試過對著明知是錯的事情置身事外；忘記了，你從來沒有試過用漠然的表情，擊潰對面渴望求助的眼神。

你還做不到對這個瞬息萬變又充滿套路的世界應對自如，但你已經慢慢認識到，這是成長必須經歷的考驗，每一個人都是這樣過

來的。

生活原本就是人間煙火和雞毛蒜皮，誰也不能超然世外。你要學著一個人走未來的路，學著一個人爲人處世，學著一個人打理生活，不畏山長水遠，踽踽獨行。

王小波在《黃金時代》裡說：「那一天我 21 歲，在我一生的黃金年代。我有好多奢望。我想愛，想吃，還想在一瞬間變成天山半明半暗的雲。後來我才知道，生活就是個緩慢受錘的過程，人一天天老下去，奢望也一天天消失，最後變得像挨了錘的牛一樣。可是我過 21 歲生日時沒有預見到這一點。我覺得自己會永遠生猛下去，什麼也錘不了我。」

我今年 27 歲，我 27 歲的生日願望是，永遠活在王小波筆下的 21 歲。

希望有一天，我們足夠強大，強大到任何時候都能冷靜思考，有條不紊地處理問題；希望有一天，我們足夠睿智，不再單純地再用好與壞衡量世界，不再簡單地用黑與白的思維方式去認知和切割世界；希望有一天，我們足夠包容，包容不同的思維方式，包容不同的生存模式，尊重一路上遇見的每個人。

但我更希望，希望我們永遠年輕，驕傲不妥協；永遠生猛，勇

敢不狂妄；可以單純得像個不懂世事的小孩子，也可以聰明得像棵洞悉世事的智慧樹。

03

「你要堅強地留在歲月的岸上，那些沉重的、流離的和虛妄的，都讓我一個人去經歷吧。而你，只需要穿著你的一身白衣，讓陽光照進你。你要明媚地笑著，等我滿身風塵地回來認取。」

也許是我太矯情了吧，每次讀到扎西拉姆‧多多這首〈少年，少年〉的最後部分，都特別想哭，因為這幾句，又窩心，又治癒，可能只有經歷了一些人世滄桑的人才會懂。

因為，我的心裡也一直住著一個白衣少年。

當然，這個白衣少年不是少女時代暗戀過的男生，而是我最欣賞的那一類人，雖有瑕疵，但心靈純淨。

那個刻在我心尖上的、纖塵不染的白衣少年，不費吹灰之力就霸占了很多關於美好的形容詞。他純粹，有著明朗的笑容，有著澄澈的瞳孔，有著挺拔的身姿，衣袂飄飄地在人世間行走。

他的邏輯很簡單，他的世界也很簡單。

因心靈通透，遂腳步輕盈……沒有過重的物欲，沒有多餘的牽掛。

04

為什麼會這麼迷戀那個白衣少年呢？

因為，他是住在另外一個星球上，我無法親吻、擁抱的小王子；因為，他是我在這個星球上，用盡一生力氣也搆不到的明月皎皎；因為，他是在世俗掙扎裡的我分裂出來的另一個人格，一個晶瑩剔透、沒被污染的我。

所以，少年啊，你一定要等著我，等著我回頭去找你。

但現在不行！我還很好奇外面的花花世界。外面還有很多新奇的世界，我沒有親身去體驗；外面還有很多心心念念的問題，我沒有去找到答案。我的心智還不夠健全，心胸還不夠寬廣，知識還很狹窄，眼界還不夠開闊。

我要去生活，去體驗。在世間行走，在人群裡穿梭，在聚散離合中觸摸喜怒哀樂，在生命消耗中，了卻此生的期待和心願。

與生命初遇時，我們每個人都是一張乾淨的白紙——沒有顏色，沒有畫面，沒有聲音。之後，在時間的拉扯中不斷成長，有了燦爛的顏色，有了變幻的畫面，有了動聽的聲音，也不可避免地沾染了許多世俗的塵埃。

人生最偉大的樣子，就是活成一場輪迴。我們先把自己從一張白紙變成一幅畫，再從一幅畫變回一張白紙。所以，白衣少年，你

一定要等我。

　　你要讓陽光照進你，而我想要住進你的身體裡，那才是我今生
最渴望的宿命。

這僅有一次的人生，我不想說抱歉

——和自己的約定——

這輩子，你會遇見很多人，

也會愛上很多人，但每一次你只能愛一個。

專一，就是愛一個人的時候一心一意。

不要在回憶裡找證據，
都過期了

她說，我也不知道要怎麼形容了，那種感覺就好像你一直喜歡喝某種牌子的酒，可你看到酒單上新出了一種招牌酒，便忍不住要嘗試。

彼時，我跟小萱坐在一家安靜的酒吧裡，她借用手中的酒來比喻感情上遇到的新困惑。

我說，我能理解，但是沒有一種酒能讓你不去期待新的酒。

林是小萱在一個主題放映活動上認識的。

《愛在黎明破曉前》是小萱很喜歡的一部電影，剛好有家咖啡館週末「愛在三部曲」連映，她提前一週報了名，打算跟男朋友一起去看。

結果，男朋友公司臨時加班，她只好一個人去了。剛坐下來的前三分鐘裡，她還在跟男朋友嘔氣，黑著臉傳訊息給他，說咖啡館

裡有好幾對情侶，怪他不能陪自己。

電影裡，美國青年傑西和法國學生塞琳娜在開往奧地利的火車上一見鍾情，他們一路上聊語言，聊婚姻，聊死亡……言笑晏晏。她投入劇情裡後，之前的氣也就消了。

第一部放映結束、中場休息時，她抱起了老闆養的貓，逗牠解悶。誰知才逗了牠一下子，那貓咪就鬧著要脫身。她一鬆手，貓咪立刻跳到了鄰座的一個男生身上。小萱面無表情地用目光打量了那人一遍，心想，為什麼貓咪好像更喜歡他的樣子？

那人彷彿看穿了她的小心思，笑了一下說：「這隻貓叫優酪乳，有點傲嬌，我經常來這家店，所以跟我更親近一點。」

哦，原來如此。

「你也喜歡剛才那部電影？」

「嗯，很喜歡，浪漫又平淡，看完覺得很幸福。」

因為搭乘同一條線路的地鐵，散場後他們結伴同行，加了好友，偶爾會聊天。

02
那之後，他們每聊一次天，小萱對林的好感就會又多一點。

林在她腦海裡的形象越來越美好，他喜歡旅行，喜歡看電影……博學強識，品味不俗，甚至連隨手發的幾則貼文，都散發出一股清新的小資氣息。

　　那天約會，她跟男朋友一起看電影。她坐在熟悉的咖啡館，看著林之前坐的位子，於是林抱著貓咪逗弄的畫面，一直在她的腦海裡揮之不去。

　　幸好，當時看的是警匪片，一臉投入的男朋友並沒有發現她的異常。可她自己卻嚇得不輕，想盡快理清楚這種感覺到底是什麼，不然遲早會做出對不起男朋友的事情。

　　於是，她找我喝酒傾訴。

　　小萱跟我描述與林的初遇以及林這個人時，用了很多生動的形容詞。

　　單憑這一點，我大概可以斷定，與其說是傾訴，不如說是一種試探，她試圖將我帶入她的劇情裡，站在她的立場上思考這個問題，好為自己的心猿意馬找到一個比較合理的理由。

　　我問：「除了那次看電影，你們私下還見過嗎？」

　　小萱猶豫了一下，說：「沒有，就那一次。」

　　我又問：「你覺得自己喜歡他什麼呢？」

她說，她不知道，林很優秀，與他聊天時，很難不被吸引……

「所以，你只是欣賞他，並不代表你喜歡他。女人很容易被有才華的男人吸引，但這種吸引要麼是一時的荷爾蒙作用，要麼是特定場合下的情愫升級，不能等同於愛情。這種吸引升級成愛情是需要條件發酵的，比如日久生情，比如心靈契合……」

「可我這段時間總會想起他，甚至幻想過，如果我們是男女朋友關係的話，我們會怎樣相處。」

「那我問你，他有女朋友嗎？」

「沒有，我問過。」

「但是，你有男朋友！」

「我……」

「也許，你現在之所以有點迷戀林，是因為你們才見過一次，而他在與你交往中營造的氛圍很好，難免造成你現在分不清現實與夢境。但你忘了，你們從來沒有切實相處過，你對他的喜歡，就好像你對那些精緻櫥窗裡的奢侈品的喜歡一樣，因為還沒有到手，因為大家都喜歡，所以一時難以拒絕，而不是你真的就有多喜歡。他對你的吸引，則像是酒單上更新的招牌酒，你還沒嘗試過，非常好奇，在伸手可及的誘惑面前，心裡自然是蠢蠢欲動。可一旦這酒點了單，上了桌，你就會發現，原來不過如此，並沒有想像中那般合你

的口味。

「當然，也有可能，你跟他談戀愛會比你跟現在的男朋友更合拍。但如果你想與他開始，也要先確定你對他不是貪圖新鮮，也要先跟現在的男朋友做一個了斷，否則再節外生枝的話，對他們來說是不公平的，對你自己則是不負責任。」

我一口氣說完後，小萱突然不說話了。

良久，她才緩緩說，其實也沒想過要怎麼樣，只是女生都會有浪漫情結，在喜歡的電影陪襯下，遇上了有好感又很聊得來的人。要說她一點兒雜念沒有，那是騙人的，男朋友最近幾個月一直很忙，她大概也是覺得受了冷落，才胡思亂想起來，但絕不會背叛男朋友的。

03

Lee 談過三次戀愛，劈過兩次腿。

我每次聽說他又換了新女朋友時，都會調侃幾句：怎麼又換了？上次聚會私下裡不是還說這個會談得久一點嗎？

他說，每一段感情剛開始的感覺都很好，女朋友的類型也不同，漂亮的、可愛的、賢慧的……只是一旦過了新鮮期，就沒什麼感覺了。於是，不想回對方電話，眼睛又不自覺地往別的女性身上

看。他可能得了一種想不停換女朋友的病。

　　我說：「你沒有病，你只是貪心而已，典型的喜新厭舊心理。」

　　這種貪婪心理，不光男人有，女人也有。

　　貪心忘舊是人類的劣根性之一，我們都喜歡新鮮，都貪戀新鮮，都會在有機會嘗試新鮮時躍躍欲試。所以，歌中才會唱道：得不到的永遠在騷動。

　　世界那麼大，一路上遇見的人那麼多，新鮮的誘惑永遠沒有盡頭。如果我們見一個愛一個，那這樣的路什麼時候才能走到頭？那種劈腿後愛得死去活來，出軌後跟第三者結婚、甜蜜恩愛的案例也有，但都只是少得可憐的個案，不具備普遍的參考意義。

　　劈腿的次數多了，腿再想併攏就很難了，哪裡還有那麼多皆大歡喜的圓滿結局？

　　愛不是乍見之歡，而是久處不厭。

　　談戀愛總有平淡期，花點心思經歷了平淡期的考驗後，感情反而會更加深厚。對於那些打著真愛的旗號出軌的人，我無意進行道德綁架，只想淡淡地奉勸一句：這輩子，你會遇見很多人，也會愛上很多人，但每一次你只能愛一個。

專一，就是愛一個人的時候一心一意。

　　我也不知道將來還會不會遇到更好喝的酒，我只知道，眼前這杯酒，是最合我口味和心意的酒，因為這酒裡溶解了時光、記憶和愛。或許，這才是我們應有的愛情信仰。

——和自己的約定——

心存善良，但對人性持保留態度，

必須反擊時，絕不手軟。

所有的傷疤都會結痂，
最終變成你的鎧甲

婚禮現場，新郎用溫柔的眼神看著沐青，一字一句地表達濃濃愛意，許下一生一世不離不棄的美好誓言。沐青的眼裡泛著淚光，拿著新娘捧花的手微微有些顫抖。

彼時台下，沐青的親友，多半低著頭，目光緊盯著桌上的豐盛菜肴，狼吞虎嚥。父母桌上，沐青的爸爸，臉上掛著難得的笑意，他身旁沐青的繼母，神情還是一如既往地冷淡。

我很清楚，到場的這些親友，除了幾個十分親近的同學，沒有幾個是真的去祝福臺上這對新人的。臺上的溫情入不了他們的眼，他們只想著如何把禮金吃回來。

婚禮前一晚，我跟沐青談心。

我問她，還恨不恨她爸爸。

她說，現在不恨了，恨是一件太過辛苦的事情。

以前她真的很恨自己的爸爸，他在她媽媽去世沒多久，就另娶新人；他在跟繼母有了兒子後，就把沐青送到外婆家；他面對繼母對沐青的冷嘲熱諷，竟然不聞不問；他在沐青中學時，永遠缺席家長會……為此，她常常遭受別人同情的目光。她恨自己沒成長在一個正常的家庭環境裡，沒有感受過應有的家庭溫暖；她恨第一次考大學失利後，差點被剝奪繼續讀書的機會……太多的恨意，曾經壓得她喘不過氣來。

有次翻看家裡的老照片，發現照片裡的她幾乎沒笑過，那一刻她心疼自己。

但是，她已經沒有力氣再去恨了。

她一直對上天讓她遇見雲帆心存感激，是他給了自己不曾體會過的愛與溫暖，是他讓自己知道她也是值得被愛的，是他讓她覺得人生還有很多值得期待的東西。

那些不堪回首的童年記憶，那些深夜裡無數次絞痛的傷口都已經結了痂，都成了她的鎧甲。

往後，她只想抱著一顆感恩的心，好好地生活下去。因為經歷

過不被愛，才會懂得被愛是一件多麼幸福、多麼值得珍惜的事情。她會好好地愛自己，會好好地愛雲帆，會好好地愛別人……等她跟雲帆有了孩子，她會好好地愛他們的孩子。

她終於有了一個自己的家，不用再顛沛流離。

沐青說這些話時，不疾不徐，目光柔和。

記得有一年，她被繼母刁難了好一陣子才拿到學費，從爸爸家出來後，她把錢包緊緊抱在懷裡，一路走，一路哭。第二天到學校，兩隻眼睛腫得嚇人。

那時，她的眼睛裡滿是恨意，她說她恨他們，總有一天會讓他們還回來的。

現在，她終於都放下了，真好！

02

如果說，沐青的故事是陰霾過後邂逅陽光的溫情偶像劇，那瑤瑤過去三年多的經歷，簡直堪稱都市狗血勵志大戲。

瑤瑤，長在一個極度重男輕女的家庭。

家裡原先是做生意的，十分富裕，她哥哥小時候過的完全是一種衣食無憂的富家少爺生活。但是生完她沒多久，她爸做生意被人

騙了，家境一落千丈。他爸因此認為她不祥，把生意失敗歸咎於她的出生，從小就對她很冷淡。她媽又是從鄉下嫁到都市的，重男輕女的思想已經深入骨髓，寵兒子能寵上天，對女兒卻極端刻薄。

她哥哥從小就花錢如流水，不思進取，貪吃愛玩。

前幾年結了婚，找了一個同樣只喜歡吃喝玩樂的女生。結婚時，兩人名下有三間房子，按理說，一間自己住，另外兩間租出去，加上雙方又都是本地人，沒什麼生活壓力，日子應該過得很舒服。

可偏偏這對小夫妻兩個人都不出去工作，每天的正經事就是吃喝玩樂。幾年下來，把家裡僅有的積蓄敗光了不說，房子也只剩下自己住的那一間了。

而且，兩人的信用度極差，都上了銀行的黑名單。

通常幹不出什麼好事的人，壞點子也是特別多。她哥跟她嫂子私下裡一盤算，可以用妹妹的身分資料去貸款。於是他們就讓一向寵著兒子的媽媽出面了，單方面知會了瑤瑤，她連說不的機會都沒有。

他們一共貸了五十幾萬。一開始答應得好好的，她哥說後面會把自己住的房子賣掉還貸款。但是，錢到手後立刻反悔了。夫妻兩個依舊每日揮霍，不去找工作，也不操心還款的事情。

瑤瑤開始陷入噩夢一樣的生活，每天被各種催債電話輪番轟炸。

因為怕被人找上門，她特地換了新工作。

每次下班回家的途中，她都特別小心，生怕自己像電視劇裡演的那樣，突然被催債的人拖進一輛車裡，然後不省人事。

五十幾萬，她想想都怕。可他哥一副無所謂的樣子，她爸媽心疼兒子，根本不過問這件事情。沒辦法，她只能自己想辦法把欠的錢還清。

說起來輕鬆，但她只是一個剛畢業沒多久的小女生，每月薪水才兩萬多，還要給家裡生活費，根本拿不出那麼多錢。她只能拚命省錢，絞盡腦汁賺錢。

壓力大的那陣子，她整夜失眠，浴室地板上到處散落著她的頭髮。她這樣的家庭環境和債務，嚇到了她的男朋友，一度還跟她鬧分手。

她絕望得像是活在一座孤島上。

她從來不敢隨便買衣服，化妝品一直用最便宜的；從來不參加朋友聚會，幾乎沒在外面吃過飯，即使偶爾出去吃，也是吃最便宜的路邊攤。

你真的難以想像一個二十出頭的小女生，過著這樣物質匱乏的克制生活。那可是她最好的年紀、最好的時光，本應該被父母疼，被男朋友捧在手心裡的，可她沒有這些。

也許是上天眷顧，又也許是足夠聰明，她發現了一個幾乎零成本的賺錢方式，那就是拚命參與五花八門的線上抽獎活動，囤積贈品，然後拿到網路上賣。

她與別人不一樣，她像是篤定會中獎一樣，只依靠集讚和運氣。而她的運氣又出奇地好，幾乎每次都會中獎。有次她和朋友一起參加一個活動，她朋友一個獎都沒抽中，她一下子中了五個。因為經常參與線上抽獎活動，她還認識了一些朋友，有些關係很好的，知道了她的遭遇，有時會把獎品讓給她，讓她拿去賣。

每個月發了薪水，她做的第一件事情就是還款；每次賣東西的錢到帳，她做的第一件事情也是還款。這樣噩夢一樣的高壓生活，她過了三年多。終於，去年年底，她還清了所有的欠款，徹底解脫了。

她終於不用再行屍走肉的活著了；終於不用再活得像一個只會省錢和賺錢的機器了；終於能夠擺脫哥哥帶給她的災難了；終於不用再每天活在恐懼之中了。

瑤瑤說，她不想感慨什麼每一種命運降臨都自有它的道理，她不相信這種含糊其辭的心靈雞湯。她只知道，這次經歷，讓她看到自己能爆發出很強大的能量，可以很優秀，可以很堅強。她以後會離哥哥和嫂子遠一點，有些命運的捉弄，體會一次就足夠了。

她會用這個戰鬥力爆表的、劫後重生的智慧，去挑戰一個更精彩的人生。

她會繼續心存善良，但對人性持保留態度，必須反擊時，絕不手軟。

03

這世上的人心，像是顏色各異的花，可花色的變化有規律，人心卻難以察覺。

我們活著的每一個瞬間，都在刷新世界觀和人性認知。我們永遠猜不到一個人可以好到什麼程度，也永遠猜不到一個人可以壞到什麼程度。

也許，很不幸，你遭遇過命運不公。

當然，你可以像古代的江湖人士一樣快意泯恩仇，把這些糟糕經歷產生的垃圾能量轉化成養分，以此來滋養復仇的種子，企圖策

劃一場血肉模糊的同歸於盡。

　　可是，你別忘了，復仇的路往往比寬恕的路更加難走。我倒情願你把那些糟糕的經歷煉化成金屬鎧甲，穿在心臟外面抵禦傷害。相信我，所有的傷疤都會結痂，最終變成你的鎧甲。

　　一切折磨過你卻沒把你折磨致死的痛苦，都在升級你體內的防禦系統。

這僅有一次的人生，我不想說抱歉

——和自己的約定——

女人不只需要一雙好鞋，

更需要透過自己的努力，

擁有一切視線範圍內觸手可及的美好的態度和魅力。

高跟鞋敲擊地面的聲響，是一個女生的篤定與驕傲

瑪麗蓮夢露說過，她不知道是誰發明了高跟鞋，但所有的女人都應該感謝他，高跟鞋對她的事業有著極大的幫助。又尖又細的高跟鞋踩在硬邦邦的地板上，即使隔著牆壁都能聽到走廊裡刺激耳膜的回聲，大腦更會自動生成一幅穿高跟鞋的美豔女郎走過來的畫面。

這些，都是高跟鞋帶來的神奇魅力。

高跟鞋最大的魅力在於，讓腳背在視覺上成了小腿的一部分，使身高和腿長更接近美學上的黃金比例，讓人看起來更苗條，更高挑，更有氣場。而穿上高跟鞋後，不自覺地挺胸、收腹、提臀和控制步態，更增添了幾分美人出場時的氣質和美感。

幾乎每個女生都有高跟鞋情結，幾乎每個女生小時候都偷穿過媽媽的高跟鞋站在鏡子前凹造型，我也不例外。但我不常穿高跟

鞋，因為穿高跟鞋也是需要本錢的。

02

有一年，我幫一個香港珠寶品牌做展會活動，當天為了維護公司形象，特地穿了一雙8公分的尖頭細高跟。從早上8點多到晚上7點半，將近十一個小時穿著高跟鞋忙前忙後，接待客戶、幫忙布展、管理工作人員……

展會活動結束時，我的腳幾乎廢掉了，腳指頭和腳掌都很痛，走出場館的每一步都是一種折磨。我咬牙硬撐著走到展覽館出來的岔路口，卻一直招不到計程車。

最後，我心一橫，乾脆把鞋子脫了，拎著鞋，赤腳往地鐵站走，完全不在乎路上異樣的眼光。我只知道，光著腳，踏踏實實地踩在地面上的感覺很舒服……

如果你一天工作的時間超過八小時，高跟鞋絕對是一種折磨。

CiCi剛畢業的時候，付不起市區昂貴的房租，只好把房子租在比較偏僻的地方，上班單程時間就要一個多小時。偏偏公司人事對員工形象要求又很高，要求女員工平時都盡量穿高跟鞋上班。為此，CiCi遭遇過N種不同版本的尷尬。

下雨天，撐著傘，沿著路邊走，為了避讓迎面開過來的一輛小

汽車，一不小心把鞋跟卡在了下水道蓋的縫隙裡，路人見了都捂著嘴笑⋯⋯最終，她紅著臉，彎著腰，拔了老半天才終於把鞋跟給弄出來。

地鐵到站時，身體被後面急著出站的洶湧人群擠出了地鐵，鞋跟卻卡在了地鐵門的縫隙裡，整個人呈現出一種半懸掛的尷尬狀態。要不是有個好心的男生反應快，迅速彎下腰用力幫她把鞋跟拔出來，她就只能棄鞋而逃，光著一隻腳去上班了。

當然，最轟轟烈烈的莫過於那次辦公室「狗吃屎事件」。

剛做完一個專案的她，因表現出色被客戶點名做結案彙報。

為了表現得更好，她連續好幾天加班做簡報，一個人在會議室裡排練。會議當天，她特地穿了平日裡極少「臨幸」的「恨天高」，搭配一身黑色職業女裝，在小會議室裡金句連連，惹得客戶頻頻點頭。

原本打算完美謝幕的她，鞋跟一不小心勾到了投影機的電線，咕咚一聲摔倒在地，狼狽至極。

所有人傻眼之後都一下子克制不了笑意，而她的頭頂像有一萬隻烏鴉在咆哮。

至於走路扭到腳，鞋跟卡到電梯裡，在地鐵上因緊急煞車踩痛

高跟鞋的義大利文是 Stiletto，原指一種刀刃窄細的尖銳匕首。高跟鞋這把匕首，尖銳，鋒利，能輕易地踩在每個人的心尖上，能所向披靡地刺穿每個人的心臟。

不同之處在於，對男人來說，高跟鞋意味著隱秘的性吸引力；對女人來說，高跟鞋則是一種權力和自我的象徵。雖然穿上高跟鞋後，女性只是身高增加了幾公分的物理高度，但是，這種平地崛起產生的高高在上之感，給了她們把世界踩在腳下的野心和動力。

幾乎每個女人都暗藏戀物癖的基因，她們有著把每一件漂亮的衣服和每一雙名貴的高跟鞋領回家的強烈渴望，她們喜歡站在衣櫃和鞋櫃前，托腮凝思挑選哪件衣服和鞋子那種大權在握的滿足感。

美劇《欲望都市》主角之一凱莉超級喜歡買鞋，她說，女人這條路並不好走，所以更需要一雙好鞋。

我想，女人不只需要一雙好鞋，更需要透過自己的努力，擁有一切視線範圍內觸手可及的美好的態度和魅力。

這才是我們應有的驕傲。

這僅有一次的人生，我不想說抱歉

——和自己的約定——

這世上，只有一個人會為你堅持到底，

那就是你自己。

就算全世界都站出來反對你，你還有你自己

川川大三那年執意休學，下定決心後跟爸媽磨了很久，搬出了很多大道理，慷慨激昂的個人演講以大吵一架而告終，氣得他爸砸了最愛的茶杯。

川川大學主修的是工商管理，家裡靠關係幫他物色好了工作，就等他領完畢業證書就去報到。

他這一鬧，事情就不這麼完美了。一來，休學一年心玩野了，很難順利完成大四的學業；二來，一年的時間有太多的變數，安排好的工作很有可能被別人擠掉。

他爸見發脾氣和理性分析局勢都扭轉不了川川的念頭，就把反對策略改為經濟制裁，說他要休學可以，但家裡一分錢都不會給，看他要怎麼在外面風花雪月。

他爸是這樣想的，臭小子從小過慣舒服日子了，沒錢還不寸步

難行？

川川聽了這話，心裡偷偷開心了半天。

心想，爸只要點頭就好，錢不是問題，他自己還有一些存款，大不了吃住都省一點，一年不買衣服、鞋子和電子產品，不跟狐朋狗友出去玩。如果實在不行，還可以出去打工或者找朋友接濟一下。

他生在一個家境優渥的中產家庭，從小衣食無憂，從明星小學到國立大學一路暢行無阻，人生履歷一目了然，除了每年的幾次例行全家旅遊，他還從來沒離開過自己的家。

他害怕就這樣過一輩子，他很想出去看看，很想重新認識一下這個世界。哪怕這個決定會讓他付出一些代價，也在所不惜。

小顧上個月瞞著爸媽，把姑丈安排的一門親事給拒絕了。

據說男方是獨子，家裡是做園藝生意的，一年隨隨便便十幾億營業額，生意好的時候翻倍，在小地方也算是有名的大戶人家了。那個男生以前在外地讀書、工作，現在年紀到了，硬是被他爸五花大綁揪回來相親、結婚，好繼承家業。

那陣子，小顧整個家族都沸騰了。

雖說她家幾代行醫，在當地頗有些名望，她也是國立大學畢業

生，長相、身材、性格都不錯，可在大多數人眼裡，這門親事，她算是高攀了。

爸媽輪流勸說，甚至把人家男生約到家裡來吃過幾次飯，逼著她出去跟男生約會。親戚們一有時間，就以做客為由到她家洗腦她，說她是讀書讀傻了，女生不要太心高氣傲，難得有一門這麼好的親事，擺完矜持的架勢就應該立刻答應婚事，不要等到以後吃過苦，才懂得男方經濟條件好的重要性。

每一次都弄得她哭笑不得，都是長輩，她有脾氣也沒處發，只能軟抵抗。

實在沒辦法的她採取迂迴策略，把男生約了出來，表明了自己的態度。

一深入聊天才知道，男生有個前女友在國外，因為有移民的想法，家裡死都不同意，才逼著他們分手的，他也是受害者。但他是老來子，從小父母很寶貝他，也不好直接忤逆他們的意思，怕傷了老兩口的心。

這下好了，他倆乾脆聯手把這門親事給搞砸了，還因此成了朋友。

川川坐上高鐵時，還不知道自己要什麼，但他明確地知道自己

不要什麼，所以他堅持了自己最初的決定，拿著地圖上路了，一路南下，先沿海後內地，先國內再國外。

他要像個遊俠一樣，周遊四海，體驗生活。他要去看看這個世界，美好的，骯髒的；他要去看看不同的人是怎麼生活的，快樂的，痛苦的。他看不到將來，但他滿懷希望。

至於小顧，從一開始就知道自己想要什麼樣的感情。她還沒有轟轟烈烈地愛過，她不甘心像一個提線木偶一樣，接受別人安排的婚事，她的另一半她要自己找。

而且，男方家庭條件那麼好，是豪門大戶的獨子，她雖然脾氣也算不錯，可畢竟沒吃過苦，也沒受過委屈，不可能心甘情願地當人家的小媳婦。嫁個有錢人也許是很多女生的終極夢想，但不會是她的，她要的是實實在在的愛情，實實在在的琴瑟和鳴。

她的父母都很愛她，但是她覺得自己看得更為長遠。就算將來，自己的日子會苦，這也是她自己的選擇，怨不得任何人。

02

小米 20 幾歲的人生裡，有過兩次違背父母心意的叛逆事蹟。

一次是她考大學時填志願。原本她想跟初戀男朋友 GH 一起填報 N 市的大學。GH 成績好，平常發揮比較穩定，打算報 N 市

大學。她呢，如果分數高就去 N 市師範大學，分數低就去 N 市私立大學，這樣他們就能在同一座城市讀書了。

可她父母堅決不同意，硬是讓她報了家裡附近的師範大學。因為大學畢業後，即使再不濟，她也能在當地一所不錯的高中當老師。一個女生，當老師有寒暑假，很輕鬆，很舒服，將來再嫁到一個不錯的人家，可以一輩子衣食無憂，這就是她父母為她規劃的未來。

這樣的未來看起來陽光燦爛，但不是她心裡想要的。

那個夏天，她甚至想到用絕食來反抗，可即使這樣也沒能改變父母的心意，只能一邊哭，一邊填志願。而她最後的堅持就是，選了自己喜歡的心理學系，而不是父母眼裡實用性更強的生物、化學、英語之類的學科。

也因為那次的堅持，她跟她爸的關係鬧得有點僵，她爸覺得她太有主見，不如小時候聽話了，還用斷了生活費來威脅她。

第二次，是她畢業後決定到大城市發展。

她父母這次的反對比當年填報志願時還要強烈，她爸更是撂狠話，諷刺她「心比天高，命比紙薄」，她拿什麼在大城市立足？將來有得她哭。

她哭著打電話給她爸，一邊哭，一邊控制自己，倔強地說：「有你這樣的父親是我的命，有我這樣的女兒是你的命，我們各自認命，各自珍重。」

熬過了最黑暗的幾年時光，現在的小米是自媒體紅人，社群專頁上擁有幾十萬死忠粉絲，文章動輒幾十、上百個贊助，每天靠贊助都可以活得很好了，更別說還有廣告和業配收入。

她還遇到了把她當小公主一樣呵護的劉先生，他們經常在聚會時隔空曬恩愛，羨煞一旁的單身狗。現在，兩個人結了婚，買了房子、安了家，生活一片風生水起。

父母也認可了她當年的「自作主張」，她爸也開始了曬女兒的生活。

都說「歲月靜好」，可她知道，如果自己當初沒有為自己堅持；如果當初做了決定以後沒有拚命努力；如果沒有在遭遇挫折時咬著牙堅持，就不會有今天的她。

成長的道路上，努力一直很重要，但是相信自己的選擇並且堅持到底更重要。

03

年輕人從一開始就很有想法，很有主見，敢想敢做，大部分跟父母之間都存在著難以逾越的代溝，尤其是在涉及人生重大決定的時候，很難彼此說服，彼此理解，經常會因此爆發規模不等的家庭戰爭。

年輕人跟父母的互相不理解是一種客觀存在，這種客觀存在可能會隨著時間推移和彼此的努力有所改善，也有可能因處理不當愈演愈烈。不管怎樣，有幾點應該牢記心中：一、在觀念產生分歧時，盡量平心靜氣地溝通、解釋，以促成某種共識；二、如果父母真的不能理解和認同我們的想法和做法，那也盡量用和平的方式去實踐自己的計畫，盡量不要太傷父母的心；三、如果你堅持自己在某件事情上的選擇是對的，那就請你為自己堅持到底。

生命是父母給的，但命運軌跡是可以由我們自己掌控的。

這世上，只有一個人會為你堅持到底，那就是你自己。就算全世界都站出來反對你，你還有你自己，還可以分裂出另一個支持的靈魂，發出一個響亮的聲音。

02

　那次，老劉跟小野在一家咖啡廳裡直播手繪，我也過去湊熱鬧了。

　小野玩手繪有些時間了，他揮筆時的行雲流水和對色彩的細膩把握是我難以企及的。他直播手繪展現的是技法，我只是一時興起。他畫了一張很好看的鳥，是粉絲訂製的圖案，我則畫了一隻鹿。

　有意思的事情還在後面。

　當我畫好輪廓，又用紡織染料上完色，把作品完整地展示在老劉面前時，他嚇了一跳。我以為他會批判我的簡陋畫功和奇怪配色。

　誰知，他沉吟了一會兒說：「我沒想到，現在的你，這麼理智。」

　我不解，忙問：「為什麼？你怎麼看出來的？」

　他說：「你看，大腦的這部分你居然用的是藍色，而且中心區域的藍還加重了色彩，我一直覺得你挺感性的，沒想到你這麼理性。」

　好像有那麼一點道理。

　現在的我，真的比兩三年前理性了很多。

　我會在難過、糟糕的時候，硬逼自己站在一個旁觀者的角度思考問題；我會在看穿別人的謊言時，不耗費太多精力計較這個結果，而是思考謊言背後的故事；我會在明知道自己被利用時，在快速計算得失後，體諒對方的動機。

我開始有點欣賞眼前的這個自己了，終於有了點兒最想成為的人的樣子，那種任何時候都可以雲淡風輕的人，雖然這樣的欣賞還不夠純粹。

　　一來，我這種程度的雲淡風輕段位太低，不值一提，天生心思細膩的我，心裡藏了的豈止是千千結；二來，過度理性的女生，並不是那麼可愛。

　　有時，我會懷念那個綁著馬尾、站在黑板前寫下「我們」、「永遠」、「好朋友」、「十年之約」字樣的篤定女孩；有時，也會懷念那個看了某部感人影片，對著電腦螢幕哭得像失戀了一樣的女孩；有時，我會很懷念那個馬路邊上梧桐疏影下，一邊走，一邊開腦洞，笑得像個傻瓜一樣的女孩。

　　於是，這樣，一邊小心懷念，一邊大步向前走。

　　因為，人總要長大。因為人的心，會越來越硬的。

03

　　我經常收到很多朋友的留言，大多是向我傾訴關於「女生友誼」之類的青春期獨有的困惑。

　　誰和誰以前很好，突然就不聯繫了；誰答應誰一起去逛街，竟然放了誰的鴿子去了另一個誰的局；誰和誰又像是約定好了一樣，

一起使勁排擠誰；誰把誰一直當好朋友，誰怎麼可以這樣對誰……

也許，我該表現得像一個更合格的知心姐姐，耐心聆聽，並且同仇敵愾。

但是，我真的做不到，這樣的切膚之痛我不是沒有過，只是早過了那個階段。

「朋友」這個詞的含義，遠比大多數人想像的高貴。

這個世界上我們遇到的人太多，能成為朋友的人寥寥無幾，好朋友就更是鳳毛麟角。

我們跟大多數人成為所謂的「朋友」，不是因為我們有多麼相似，有多少共同語言，價值觀有多麼合適，只不過是特定的時間、空間把我們拉扯到了一個圈子裡。一旦時間軸和空間軸發生了位移，這樣特定環境成全的友誼會頃刻土崩瓦解，比如談不上感情有多深的「同學朋友」，比如談不上瞭解有多深刻的「同事朋友」。

我們只是在那些產生交集的時間裡，碰巧身邊也需要有個人聊天取暖，結伴吃飯，僅此而已。有些人相遇，注定了會分離，沒什麼好遺憾的。

一樣的人，總會越走越近。

不一樣的人，就算用盡一生力氣，費盡一生心思，也是枉然。

真正的朋友，絕對不會兩面三刀。

真正的朋友，即使遙遙相望，也心存默契。隨身包裡裝的東西，貴精不貴多，留在身邊的人也一樣。聚散離合，本是常態。

04

從春天到現在，陸陸續續發生了很多事。

幾個一直有聯絡的朋友，都和我一樣，中了一種叫「改變」的魔咒。

阿立，賣了心愛的小黃人機車，又入手了一個藍色「小妖精」，不但換了新工作，還談了幾次戀愛。

小花妹妹，分了手，轉行做了設計師，開始了新的職業軌跡。

錢兒已經獲得了簽證，很快就可以如願以償地去德國留學了。

老劉消失了幾個月，終於敲定了新的工作。

從小玩到大的好朋友，此時已經孕味十足。

中學時的另一個好朋友，剛剛生完了第二胎。

小雯，遭遇了一些事情後，開始用一個全新的角度看待生活和自己。

而我，搬了兩次家，換了兩次工作，剪短了我的頭髮，也剪斷了牽掛。

一直沒勇氣說出口的是，去年喜歡過一個人。有甜蜜，有苦澀，有浪漫，有謊言，有溫暖，有寒心……

幾經跌宕，終於都煙消雲散。從今往後，山高路遠，各自安好。

我不知道明年的自己會在哪裡，會做些什麼，會和誰一起。我只希望，那是自己喜歡的方向，那是發自內心做出的選擇。

05

夏天過去了，又下起雨了。

而我，從一個綿長的夢境裡醒過來，一圈又一圈的年輪，一波又一波的變數。

所幸，人生總有周而復始的希望和手摘星辰的美好。

當有一天，你我都能活得像一個生命的旁觀者，那留白裡的畫面一定別開生面。

我開始討厭我自己，也開始越來越喜歡我自己。

因為我終於學會發自內心地接受自己，並愛自己。

認可自己的好，也認可自己的壞。

接受自己的美，也接受自己的醜。

06

前幾天，有個人問我，關於夏天最不捨的是什麼。

於是，我寫了下面的句子，希望你們也會喜歡：

冰淇淋的味道，螢火蟲的尾巴，

淡淡的煙草，27℃的被子，

無解的擁抱，潮濕的吻痕。

有人把詩寫在夢裡，有人把酒喝進心裡。

有人把歌唱進骨髓，有人把心放在別處。

再見，一整個夏天的星光。

優生活 229

這僅有一次的人生，我不想說抱歉

作　　者—— 林夏薩摩
副 主 編—— 朱晏瑭
封面設計—— TODAY STUDIO
內文設計—— 林曉涵
校　　對—— 朱晏瑭、謝馨慧
行銷企劃—— 謝儀方

總 編 輯—— 梁芳春
董 事 長—— 趙政岷
出 版 者—— 時報文化出版企業股份有限公司
　　　　　　108019 臺北市和平西路 3 段 240 號
　　　　　　發 行 專 線—(02)23066842
　　　　　　讀者服務專線—0800-231705、(02)2304-7103
　　　　　　讀者服務傳真—(02)2304-6858
　　　　　　郵　　　　撥—19344724 時報文化出版公司
　　　　　　信　　　　箱—10899 臺北華江橋郵局第 99 信箱
時 報 悅 讀 網—— www.readingtimes.com.tw
電 子 郵 件 信 箱—— yoho@readingtimes.com.tw
法律顧問 —— 理律法律事務所 陳長文律師、李念祖律師
印　　刷 —— 勁達印刷有限公司
初版一刷 —— 2023 年 9 月 22 日

定　　價 —— 新臺幣 350 元
（缺頁或破損的書，請寄回更換）

時報文化出版公司成立於 1975 年，並於 1999 年股票上櫃
公開發行，於 2008 年脫離中時集團非屬旺中，以「尊重智
慧與創意的文化事業」為信念。

ISBN 978-626-374-298-7　Printed in Taiwan

這僅有一次的人生,我不想說抱歉/林夏薩摩作. --
初版. -- 臺北市：時報文化出版企業股份有限
公司, 2023.09
　面；　公分

ISBN 978-626-374-298-7(平裝)

1.CST: 自我實現 2.CST: 成功法

177.2　　　　　　　　　　　　　112014355